『銀河鉄道の夜』の巨大な謎

究極のメシア

【アテルイとモレよ、日本人よ】目覚めよ!

［著］篠﨑 崇

目次

第1章　なぜ日本人が究極のメシアだというのか⁉

第2章　地球を乗っ取り奴隷化しているのはリゲルからのアーリア人！

第3章　オリオン、リゲル、アーリア、DSは日本人が選ばれた民であるという証拠を全部消したい！

第4章 ペルーの地下宮殿で発見！「黄金の板」に刻まれていた出雲文字が、日本最大の秘密を暴露していた⁉

カバーデザイン　森　瑞（4Tune Box）
校正　麦秋アートセンター
本文仮名書体　文麗仮名（キャップス）

第１章

なぜ日本人が
究極のメシアだというのか!?

まだ誰も聞いたことのない世界
究極のメシア日本人は覚醒できるのか?!
（目覚めよアテルイとモレ！）

篠﨑 崇氏セミナー　１日目

2023年９月13日（水）
ヒカルランドパーク

はじめに

皆さん、こんにちは。篠﨑崇です。聞きなれない名前だと思いますが、私なりに7歳からアートに携わって、この歳に至るまでずっとやっています。

小学2年生のときに、栃木県の児童絵画コンクールの小学生の部で金賞を取りました。先生は非常に驚きましたが、それからずっとアート漬けの人生で、中学3年生までに一通りの歴史と技法を全部マスターしました。

そこで学んだことは、歴史上、次世代のアートを手がけるアーティストは、生きている間はさんざんな目に遭って、栄養失調になったり、自殺したり、飢え死にする画家も何人もいるということです。

そういうことを知って、私としては絶望しました。子どものころからずっとやってきたのに、アートの歴史とはこういうものなんだということで、高校に行ってからは一枚も絵を描かずに、水泳部に入って暗くなるまで毎日泳いでいました。台風が上陸して暴風雨の中、ひとりで泳いでいたら、学校で「あの男はちょっとおかしい」と噂になりました。

でも、あのときの光景は鮮やかに今でもよみがえります。なぜかというと、アートの究極は非常識の世界です。非常識の極みの光景を、あの台風の上陸で味わったのです。私は自由形で泳いでいて、ブレスのときに水面を見るとバババッと機関銃で撃たれたようになっていて、水中を見るとシーンとブルーの世界が広がる。そのシーソーゲーム、５００メートル泳いで帰りましたが、あの光景は今でも覚えています。

体を動かすのはこれほど楽しいんだということで、理工系の大学に行きましたが、これはダメだ、やっぱり俺は絵描きになろうと思って3カ月でやめました。そこからさんざんな人生です。私のおじさんが『ＦＯＣＵＳ』（フォーカス）をつくった国際写真家で、新潮社の部長をやっていたので、神楽坂で本の運搬のトラック運転手をやって、稼いだおカネで、食費を削って一番高い絵の具を買いました。時には1週間の食費が５００円くらいのときもあり、それを半年やっていたら栄養失調になって、風邪を引いたら39度から熱が下がらない。ベッドからも起きられなくなってしまった。

そのとき神様は私を見捨てなかった。家族から電話があって、すぐに来てくれた。こんな生活は大変だということで、おふくろがどこからかお巡りさんがいいという情報を探ってきた。そのころはお巡りさんは泊まりをやると、非番公休で2日休みだから十分絵が描けるというので、それもありかなと思って、栃木県警に5年ほど勤めました。

そうしたら篠﨑という初任科生は絵が上手で、事件の似顔絵を描かせると非常に似ていると評判になって、非番公休でも寝ていられないくらい忙しくなってしまったんです。銀行強盗、追いはぎ、指名手配、みんな回ってくる。こんなことをやらされるならお巡りさんをやっていてもしょうがないと思ってやめました。

アーティストとしてのこれまでのこと

中学生のときまでのノウハウで、自分が自分のパトロンになれば好きなことをやれると知っていたので、27歳で億のカネを借りて自宅でテニスクラブを始め、ガス会社もやって、何億も使って、亡くなった人の命をこの世に呼び戻すアートというところに究極的にたどり着いた。それが30代後半から40代ぐらいです。

命の原点、亡くなった人の命を呼び戻すアートということでやっていた。私は岡本太郎さんの奥さん岡本敏子さんとも仲がよかったので、「太郎さんを呼び戻してちょうだい」と乞われて作品を作った。それから、澁澤龍彦の奥さんの澁澤龍子さん、北鎌倉におられます。渋沢家はすごいんです。親類の渋沢栄一が今度お札になるようですけど、怪しい家系です。それから三島由紀夫。息子の平岡威一郎さんが新宿にお住まいですが、誰にも会わない。スキャンダラスな亡くなり方をしたので、威一郎さんのために絵を描くとアプローチしてもダメ、手紙を書いてもダメだった。あと、暗黒舞踏の創始者土方巽《ひじかたたつみ》さん。その奥様の元藤燁子《あき》さんにも相談しました。

さらに舞踏家大野一雄先生にも相談しました。亡くなった人で会いたい人は誰かと聞いた。私は舞踏の革新者、女王ラ・アルヘンチーナかと思っていましたら、お母さんに会いたいと。それで「私のお母さん」ということで、大野先生のためにお母さんを呼び戻すアートを描いた。先生は私のアートの前でパフォーマンスをされました。

大野一雄先生とは、魂と宇宙のかかわり合いについてということで、私は10年間、月に1回、土曜日の夜、上星川《かみほしかわ》に泊まりがけで通いました。一雄先生は私をせがれ以上にというと失礼ですけど、思ってくれた。そのときに、大野一雄先生の一番弟子かなと私としては思っている加藤道行さんと知り合いました。彼ともつき合いは長くて、今日はこのセミナーの中盤で踊ってもらいます。

私が何を求めてきたか。これからはモノとカネでは幸せになれない、精神性の時代が到来する、それに人類が気がつかなければ滅びるということでやってきました。その画集を1冊3万円、1000部限定で3000万円でつくって、ビバリーヒルズで発表するわけです。

作品が完成したあと、遺族の魂を作品に入れる「入魂の儀」の写真をずっとやってくれた叙勲もされている写真家細江英公《えいこう》さんが「何でこれをつくったのか?」と言うので、「世界の大富豪にモノとカネでは幸せになれませんよと言いたい」。そうしたら、「篠崎さん、そんなことを言ったら帰ってこられないかもしれないぞ」と言うわけです。そのとき、私はディープステートの正体をあまり知らなかったのです。

ビバリーヒルズでの経験

２００８年に思いが叶ってビバリーヒルズで画集を発表したときには、細江先生が来てくれたし、カリフォルニアから土方巽さんの一番弟子の玉野黄市さんが来てパフォーマンスをしてくれた。それから、カナダの帰りで大野一雄先生の次男で舞踏家大野慶人さんも寄ってくれた。

ジョン・ソルトという、マリリン・モンローが住んでいたアパートメントを経営するハーバードの学者は、日本文化史を専攻して日本語がペラペラです。奥さんは日本人だったのですが、イケメンでいい男なのでモテすぎて離婚になってしまった。そのジョン・ソルトが、「篠崎さん、この画集は私が発表する」と言ってくれた。そのときは発表とは何なのかわからなかったのです。

最終日に、ビバリーヒルズの家族会会長夫妻がホームパーティーに私と細江先生を招待してくれました。世界的な細江英公さんがいたからということもあると思います。それから、私の画集を非常に気に入ってくれて購入もしてくれた。ハリウッドの映画配給会社の夫婦も非常に気に入って買ってくれた。

ゲティー・センターという、世界最大級のアートの研究機関がビバリーヒルズのはずれ、丸い山の上にあります。上野公園の倍ぐらい広くて、中が螺旋《らせん》状で何百台、何千台が駐車できる。核戦争になったら、ビバリーヒルズの連中が核シェルターに使うと後で聞きました。

ジョン・ソルトは家族会をまとめていながら、私のスピリチュアルなアートをその年(2008年)の11月に、ハーバードの世界学会で発表してくれた。そのときに、ジョン・ソルトが「ビバリーヒルズは真っ二つだ」と言っているのがどういうことかよくわかったのです。今までどおり悪事を働いて世界を制圧していこうという派と、目が覚めて、こんなことを何千年もやっていたのでは人類が滅んでしまう、人類をいい方向に向かわせましょうという派に真っ二つに分かれていた。

向こうの美術館は大富豪が寄附したおカネで運営しています。日本は国立美術館だと国の予算、県立美術館だと県の予算でやりますが、向こうは違う。おカネ持ちのカネだから、画期的な企画をどんどんやれるわけです。そのリーダーの会長が挨拶したら、「篠崎さん、見てみろ。悪いことをやって、あんな挨拶しているどころじゃないだろう」と。その人物はコカインをやっているのだとジョン・ソルトが言う。ビバリーヒルズは、そういう大富豪と、良識派と、あとは芸能人の三つ巴《どもえ》の町でした。

私はケネディー暗殺をキッカケに生まれた良識派が、ホワイトハットの原形だと思っています。今トランプと手を組んでいますが、ホワイトハットのホワイトの出どころは何なのか。ホワイトは正義の味方の色というのは違います。

アメリカインディアンのホピ族は、「世界が末世になって滅びそうになったときは、日本人の白い兄が訪れる」と言っている。白なんです。インカは、「世界が滅びるときは白い神が天から降りてくる」。スペインが来たときに、肌が白いから、神が降りてきたということで無抵抗で明け渡したというのはそこなんです。それから瀬織津姫《せおりつひめ》は白龍といわれています。白いヘビです。あとは徐福もそこにつながるのですが、白は日本人です。天皇は白い王と書きます。

日本人は黄色人種で黄色い肌ですが、白の神ということで預言書に書いてあるのです。

ＮＨＫと陰謀論について

今回話すことは、ジャンルとして色分けすれば陰謀論ということでしょうか。どうしても陰謀論のジャンルに入ってしまう。それで「陰謀」の反対語、反義語を調べると、「善良なことをやること」。善行ですね。善の行いをする。

では「陰謀」をネットで調べると、「わからないように悪事を働いていくこと」。あるいは「根拠のないことを世界に流布《るふ》して、世界の人類を混乱に陥れている非常に悪質な人たちによる展開が陰謀論である」となっています。堂々とＮＨＫの広報あたりがやっていることこそが陰謀論でしょう。

それで「陰謀論」の反対語をさらに調べてみると面白い。「ミーハー論」と書いてある。メディアもここまで腐敗したかという状況ですね。

十数年前から、インターネットの普及によって、膨大な情報が世界を流れるようになりました。今は正しい情報もあるし、おとしめる情報もある。ある意味、それを拾う我々の認識、意識の高さが試される時代です。

『カバラ日本製』がきっかけとなって今回のセミナーが決定した!?

京都で企業のコンサルタントとか、占いとか、いろいろやっている木乃美さんという方から、１年ちょっと前に突然、電話がありました。カバラを研究して占っている。よくわからなかったけれど、京都の図書館に私の『カバラ日本製』の本があって、ひもといたらこれだと思ったということで、新幹線に乗って来て、スピリチュアルな組織をつくりましょうという話になりました。

１カ月前（２０２３年８月）に東京に来たとき、上野の店で今後の展開を相談して、30〜40分で大体話がまとまったので、石井社長はどう思うだろうということで私が電話したら、「午後、あいてます。いつでもどうぞ」と言うので、ヒカルランドで打ち合わせをしたら、本にするから講演会をやろうということになった。本気かなと思いましたが、『カバラ日本製』のときもそんな動きでした。

１週間ぐらいして、私も胸騒ぎがして、「ところで社長、私は誰にも言ったことがないようなことが幾つかある。そういうのまで言うと命にかかわる可能性もあるんだけど」と言うと、「そんなことは全く心配ない。命の保証はしないけれども、日本が消えてなくなるかもしれないのだから全部言ってください」と、極めて無責任なことを言う。私も私で1～2秒のうちに、「ハイ、わかりました」と実に素直に答えてしまいました。

よく考えたら、石井社長も私以上に体を張って頑張っている。太田龍さんもかなり際どいことを言っていた。そんなことを言ったら命がないんじゃないかと思ったら、案の定、暗殺された。ヒカルランドはそれ以上のことをやっています。恐らく八咫烏がついているのではないかなと思います。

そういうことで今日の運びになったわけです。

私がここで、お伝えしたいことは何か。皆さんはユーチューブとかでスピリチュアルなことも相当ご存じな方々だと思います。中国はメディアが抑えられているのでそうはいかないかと思いますが、セミプロの陰謀論者が世界にどんどん蔓延《まんえん》しています。

『カバラ日本製』は、今までにない話です。カバラは古代ユダヤの叡智といわれています。宇宙のシステムが全部語られている。全然その根拠はないわけです。今までのカバラは、カバラ数秘術、ゲマトリア数秘術、タロットカードということで数字に置きかえている。

カバラはわからないです。

　古代ユダヤの叡智とは何なのか。あれは日本人がつくったのは間違いないです。カバラをひもとくと、次々と秘密がわかってきました。セフィロトは両脇が三重塔です。真ん中の五重塔は、政府に関係している神社仏閣でないと建てられません。京都の東寺には国宝の五重塔がある。東照宮にも五重塔がある。その両脇にあるのが三重塔です。百済寺は三重塔が2つです。

　私はカバラにアイウエオを当てはめてみました。ンは神だから一番上にして、一番下がワです。3つのセフィロトの右側はブルーの柱です。これは日本です。青龍、青、「アタマ」ということです。人類の頭の民族がカバラから出てくるのです。一番左は赤の柱、これはオリオンです。物質文明を花開かせた連中が左です。これが「カナヤ」と当てはまる。カナヤ、金属にかかわるのです。

　オリオンの物質文明がここ2000年間席捲して、地球が今、危ない。鉄砲の弾は飛んでいませんが、第三次世界大戦の真っただ中です。このあとでいろいろな資料や証拠をお見せします。

　このバランスが崩れたら地球はどうなるか。真ん中がプレアデス、生命。シリウスに命令されて、こと座の連中とプレアデス（スバル）が、バランスよく生命体をつくった。ミジンコからコケから、全ての生命体をつくったのです。そのバランスが崩れるとどうなるか。世界がサハラ砂漠になる。そういう意味でカバラの真ん中に「サ・ハ・ラ」があてはまるのです。今、その一歩手前です。我々日本人はシリウス星人の末裔です。そうなることをシリウスは知っていたのです。

なぜかというと、3億年前からパンゲアという大陸があってしばらく続きましたが、その間に5回も人類は滅んでいるのです。全部カナヤの民族が物質文明にこだわるようになって、ドンドンパチパチ、最後は核戦争で覇権争いで滅びた。

そして今、6回目に滅びないためにはどうしたらいいかということで、精神性主体の民族をつくって送り込んだ。それが日本人です。日本人は世界を救える唯一の民族です。

今日と明日のお話は、皆さんが今までご存じのような陰謀論とかユーチューブには全く当てはまらない、天から降りるような発想で取り組みたいと思います。ですから、これは陰謀論ですけれど、陰謀ではありません。陰謀は連中なんです。

NHKの受信料は電通に入る⁉ 電通の正体はとてつもなくやばい‼

大体において、NHK視聴料はNHKに入るのではなくて、みんな電通に入るのです。

電通の正体は何なのか。私も調べました。

世界学会で私の画集が発表になったあと、２０１１年10月から２０１２年１月まで、川崎市岡本太郎美術館で「岡本太郎生誕１００年記念事業」をやりました。いろいろ嫌がらせをされましたが、村田先生がやらせてくれたのです。案内状でも何でも全部やるからという話になっていたのに、誰にも出してない。加藤さんのところにも招待状が行かない。

岡本太郎生誕１００年だというので、神奈川県が特別予算を２０００万円、川崎市岡本太郎美術館が７００万円出してくれた。２７００万円で、東大と理研と天文台で宇宙の生命の空間をつくって、そこからエネルギーが私のアートに集まるという大々的なことをやったのに、ＮＨＫの「日曜美術館」は１分たりとも流さない。予告編すら流さない。新聞も取り上げない。雑誌も取り上げない。一切シャットアウトです。私のところに取材に来る人も誰もいませんでした。

何なのか。ＮＨＫではなくて、電通なんです。電通の正体を私は探りました。所有者はカナダのブロンフマンという貴族です。これは現地の方言で酒屋さんという意味です。禁酒法でアル・カポネを雇って、ものすごくカネ儲けしたのもブロンフマンです。それから、デュポンの経営権を持っている。デュポンは化学ケミカルの会社で、女性の化粧品などもやっています。あと、第一次世界大戦前から火薬を開発しています。世界戦争になれば、なるほどデュポンは儲かるわけです。

それが電通の所有者です。電通が目指しているのは、日本人を全てなくす計画です。それでオバマとヒラリー国務長官で世界核戦争に持ち込んで、世界の人口を5億人にしようということを画策したわけです。

それがうまくいかなかったので、しようがないから次々とワクチンをつくった。でも、日本人は遺伝子が強くて、思いどおりに死んでいかないわけです。それで今度の6回目がくるわけです。これは大変なことですよ。いいとこ半年もつか、もたないかぐらいの強烈なものです。日本人を一人もいなくさせようというのが電通の目的です。

『死海文書』の「ダニエル書」に世界を救うのは日本人だと書かれている!?

なぜなのか。救済のメシアは日本人だと、紀元前から世界の預言書にあるからです。私はそれも全部調べました。彼らは物質文明を花開かせて、今まで5回滅んで、今、6回目も滅ぶほどの力をつけてきていますが、日本がメシアとして覚醒したときに、彼らの陰謀は止まるわけです。

それに気がついたのがホワイトハットです。それで今、大変な状況なんです。

「ダニエル書」はご存じですか。――皆さん、知らないですね。私もやっとたどり着いた。旧約聖書に「ダニエル書」という、新約聖書の「ヨハネの黙示録」以上の黙示録があったのです。

イエスのあと、325年に、イタリアのコンスタンティヌス大帝がニケーア公会議を開いて、旧約聖書の13の福音書の中から、マルコ、マタイ、ルカ、ヨハネの4つの福音書に絞り込んだ。それも枢機卿が一緒に何十回もことごとく改ざんして、やつらにとって都合のいい宗教をつくったわけです。

そのときに「ダニエル書」を消してしまった。ところが80年ぐらい前に、紀元前の『死海文書』が発見されました。そこにちゃんと「ダニエル書」が残っている。ここ10年ぐらい前に、最終的に日本人の秘密の預言書も『死海文書』で発見されています。

イエス・キリストはクムラン教団です。クムラン教団は禁欲主義でエッセネ派です。そのときに、ローマが力をつけて、物質文明が花開こうとしていたわけです。エッセネ派はパリサイ派とサドカイ派を徹底的に批判しています。イエスはそのクムラン教団の出身で、日本人です。世界の文明を開いたのは全部日本人です。『死海文書』の「ダニエル書」に、世界を救うのは日本人だと書いてあるのです。

私はビバリーヒルズに2度ほど行って、向こうの映画配給、ハリウッドの正体を知っていますが、彼らはDSの根源だから、ことごとく知っているので、「ベスト・キッド」という映画をつくったわけです。ヒョロヒョロとした弱いアメリカの少年が、可愛い彼女を荒っぽいボスに横取りされて、空手大会で勝負しようということになった。それを指導したのがミヤギさんというおじいちゃんです(映画では片仮名)。

ミヤギが何なのかというと、宮城県、岩手県、蝦夷です。出雲族、アテルイとモレの根源です。ミヤギさんというのが空手を指南するわけです。頼りにならない少年がダニエルで、日本人が覚醒させるという映画です。

預言書と予言書では、まったく重みが違う!

さまざまな預言書があります。預言書については、今日と明日、私は何度もしつこく言います。「よげん書」には2種類あって、予測する「予言書」と、預かる「預言書」がある。モーゼの十戒の石版は預言書のほうに入るし、『死海文書』も預言書です。「預言書」は日本人を育んだシリウス系の計画書なんだと、2週間ぐらい前に気づきました。これどおりにやりますよと。すばらしいですね。

その時期が今なんです。ここで日本人が目を覚まさないと、日本が滅びるだけではありません。世界の人類が6回目の滅亡に行くのです。

世界人口削減計画とホワイトハットの登場

1992年に、南米ブラジルのリオデジャネイロで、地球の環境を守ろうということで、世界各国の代表を集めて大々的に地球サミットがありました。ただ、国連でも赤十字でも、全部連中が2000年かけてつくっているわけです。連中が牛耳っていますから、地球サミットで世界の人口を5億人にしようと提案して、世界の要人がそれに同意しています。

メディアはそれを全然言わない。世界の人口は今、80億人ちょっとです。それを5億人にしようと、30年前に世界中で協議した。その予定どおりにアメリカが動き出して、オバマとヒラリー・クリントンのときに九十何パーセント実現したのです。

もしヒラリーさんがあのまま大統領になっていたら、今は世界核戦争の真っただ中です。5億人にしようということですから、これは大変だというので、ケネディの孫か何かが出ると言ったら、「おまえが出たら暗殺される」と。

それでホワイトハットが台頭してきたのです。そしてアメリカの軍部と、NSA(National Security Agency／アメリカ国家安全保障局)と手を組んだ。NSAは約800

人のハーバード出身の要人で固められています。

川崎市岡本太郎美術館でイベントをやったときに、国立天文台の方が「篠﨑さん、いいことを教えてあげる。東京上空にはサッカーコート1面分のアメリカの軍事衛星がいつも浮かんでいる」と言うので、「エシュロンでしょ」と言ったらびっくりしていました。

日本中の通信網は携帯から何から全部エシュロンで傍受して、三沢基地に行って、あとはニュージーランドとネバダの砂漠の地下のスーパーコンピューターに日本人の会話履歴、通信もメールも含めて全部ストックされています。

ホリエモンは東大を出た割には、それを知らないからはたかれた。「あなたは随分伸びてきたから、フリーメイソンの仲間になりなさい」「いや、俺は自分ひとりの力で行けるから、そんなのには入らないよ」。それで「やつを落とし込め」ということで、部下とのメールのやりとりが傍受され、それが原因で逮捕された。

私は元お巡りさんですから、不思議だと思います。捜査令状がなければ、NTTでもどこでもデータを出さないはずです。情報が出たから、おかしいから逮捕というのは本末転倒です。それ自体にみんな気がつかない。それでホリエモンはひどい目に遭ったわけです。それでホワイトハットがNSAに正義の味方の長官を抜擢したのです。

オバマは2009年から2017年まで8年間、大統領をやって、そのときにほぼ完成したのです。どういうことかというと、アメリカからプーチンに、大きな輸送機に大量のウランを満載してウラジオストックまで持っていって、それをおろして3つに分けて、待機していたカラの3つの軍用機に積み込んだ。輸送機はカラになったから、プーチンと「いつの間にかカラだからおカネは要らない」とウソを言って、ウランを3つの軍用機でイラン、シリア、北朝鮮に運び、現地のＣＩＡの組織の部隊が核を開発するまで指南した。そこまでお膳立てができたわけです。

ヒラリー・クリントンは本当に悪いやつで、彼女が大統領になったときには、北朝鮮とイランからアメリカ向けにさまざまなトラブルを起こして、核を一発ずつ撃たせる予定だった。そして、「これはプーチンが裏切ったな。ウラニウムは自国だけで使うはずだったのに」ということで、それを皮切りに、その報復としてモスクワに水爆を落とす。それが原因で世界核戦争に突入するはずでした。

今日の後半でそのことも話します。アメリカのＤＳと中国のＤＳの連中が、何千キロにもわたる核シェルターを用意している。その写真も全部そろっています。自分たちだけ助かって、世界を5億人にするシナリオがあと一歩まで行ったのです。

これは大変だというので、それにとってかわる勝てる相手ということで、抜擢されたのがトランプさんです。トランプさんは２０１７年から２０２１年まで大統領を務め、２期目は不正操作で落とされましたが、彼が大統領になると同時に、ワシントンから泥水を抜くとか、DSを一掃するとかが始まったわけです。世界各国に行っているアメリカの軍隊を呼び寄せて、一切戦争をしなくなった。

そこから世界中の陰謀論者が、DS、フリーメイソンは本当に存在しているんだなと。それが今なんです。計画どおりにいけば、今は核戦争の真っただ中でした。

アーティストとしての戦い

私はアーティストなので、文化活動で何十年も彼らと戦ってきましたが、ひとりでやってるので、いまだに勝ち目はないです。

川崎市岡本太郎美術館でのイベントが終わったあと、見通しが立たなかったので、今後は野獣のような男を社員にすれば別な角度から道が開けるのではないかなと思ったら、神様はちゃんとそういう人を用意してくれた。WC（ニックネーム）という男で、5年間ぐらい社員にしていたら、5000万円ぐらい使い込まれて会社も個人も全部ブラックになってしまった。

家族はカンカンです。だから6年前から、私は家族と一回も食事をしていません。行けば食わしてくれるだろうと思うけど、目の前で文句を言われながらご飯を食べたのでは消化しないじゃないですか。

それでテニスクラブで自炊か外食です。「先生、一歩間違うと上野広小路のブルーテントだなんて、言うんじゃありませんよ」という応援の方と、「落ちぶれた話は全部言ったほうがみんな支持してくれますよ」という派と、今私の支持者は真っ二つに分かれています。どっちにしようか迷いますが、両方でいこうかと思っています。

生から死に向かうアート・死から生に向かうアート

どちらにしても、これは私の生涯のライフワークなんです。私は絵描きです。今、今日と明日のイントロをやっているのですが、西洋の文化は、生から死に向かうアートです。生から死に向かう途中経過が傑作として評価されているわけです。

ムンクの「叫び」にしても、ゴッホの糸杉も、ゴーギャンの「我々はどこから来たのか我々は何者か　我々はどこへ行くのか」もそうです。「我々はどこへ行くのか」は、娘がお父さんに仕送りするために働きすぎて死んだわけです。クリムトもあの調子だし、エゴン・シーレも生と死のはざまで生から死に向かうアートです。

それを今は、死そのもののアートにしてしまった。もうこれで終わりです。ＤＳは大きなミスを犯しました。生から死に向かう途中でやっていればよかったのに、終点の後をやってしまった。それは今日の後半でやります。

私は、歴史があるから、日本だけが死から生に向かうアートがやれると気づいていました。だから私はそれをやってきたわけです。

生から死に向かうアートは、アーティストにとってエネルギーの出発点が自分です。自分が神だと勘違いするおごりが出るわけです。しかし死から生を生み出すアートは、エネルギーの出発点は神だから、無尽蔵のエネルギーがある。エネルギーの出発点は神で、アーティストはエネルギーの通過点だからおごらない。それを私は目指してきて、いまだに実現はされていませんが、皆さんと手をとり合いながら、日本人がメシアとして覚醒できる日を目指しているのです。その日はすぐそこまで来ています。

日本人は世界を救える唯一の民族

それはいつなのかというと、いろいろな預言書をひもとくと、２０１８年から２０２８年です。「日月神示」の岡本天明、「ダニエル書」、江戸時代中期の「をのこ草子」、１８８

5年、ミタール・タラビッチの「クレモナ預言」、それから「オアスペ」。これは今ヒカルランドさんから出ています。この辺で計算していくと、2018年から2028年、これが人類の大峠です。今は2023年、あと5年生き延びられるかどうかの瀬戸際です。そこで世界を救える唯一の民族が日本人です。

前半で私は、なぜ日本人がメシアなのかという証拠をお見せします。肉体的な構造が違うし、脳の構造も違います。みんなボーッとして暮らしていますが、今、いかにして日本人がメシアとして目が覚めることができるかどうかの瀬戸際です。

私はうちのテニスクラブのお客さん何百人に、父兄には嫌がれているのですが、今回のワクチンは打たないほうがいい。なぜならスパイクタンパクで、いずれリミットが来ると、資料まで持って話しました。

新興宗教の幹部に私の大ファンの方がいます。私より10歳ぐらい年上の人で、もう30年間、「篠﨑さんは世界を救うための仕事をしているから、我々の組織に入らなくてもいい」ということで、幹部用の資料を持ってくる。いろいろ勉強している団体があるのです。統一教会とは関係ありません。

ワクチンは打つなと何百人にも言って、踏み止まったのは私が知る範囲内で3人ぐらいです。勝手にすればいい。お客が何人も減りました。でも、とにかく日本人の目が覚めないと、日本が救われるかどうかの瀬戸際どころではない。日本が覚醒しないと、世界が終わってしまうのです。

では、なぜ日本がメシアの民族なのかという設計図、証拠を今からお見せします。いかにしたら目が覚めるのかは、明日の命題にしたいと思います。

極貧、野生児に育ってアーティストとしての素地を築く！

余談なんですが、うちの祖先は、江戸時代の末期に宇都宮で酒造会社をつくりました。見渡す限りの土地を残して大富豪になったのですが、4代目の篠崎孝雄というおじいちゃんが、私が生まれたときはいなかったけれど、丁と半のバクチに凝って、一振りで一反ずつうちの土地を賭けたのです。10回連続負けたら3000坪、1町分なくなる。3カ月でスッカラカン、住むところもなくなってしまった。

私は宇都宮で最下位くらいの貧乏のどん底で生まれました。食べる御飯にも事欠く。時々、学校から帰ってきてから山の向こうに行って、コソコソとジャガイモを掘って、煮込んで食ったりした。でも、楽しかったね。

貧乏というのは、すごくいいんです。なぜかというと、両親は食っていくのに忙しくて、共稼ぎで暗くなるまで帰ってこない。学校から帰ってきても家に誰もいないのは、私みたいに誰の言うことも聞かない人間には最高の環境でした。それで勘が鋭くなった。

なぜかというと、小学生だから、一応、暗くなるまでにうちに帰らなければいけない。それで毎日夕焼けの色が違うことを知り、色彩感覚が鋭くなった。雲の動きで、いつごろ雨が降りそうだとか、次どうなるかという勘も鋭くなる。この動物にはこれ以上近づくとかまれるなというのもわかる。危ない断崖絶壁のときは、これ以上やると死ぬかもしれないとわかる。野生児になると非常に勘がよくなる。それがアートにすごく役立ちました。

だから学校に行くとつまらない。１＋１＝２、１００＋１００＝２００と、決まりきったことしかやらない。私が考えていたことは違います。１＋１が１００になるのにはどうしたらいいだろう。極論をいえば、１＋１を無限大にするにはどうしたらいいかを考えていた。

大体絵を描くなんてことは大ウソつきですから、私はウソをつくのが得意なんです。キャンバスに3次元のものを2次元にすること自体が大ウソつきなわけです。ありもしないことを、これはこうだと取りつかれたように描く。

勘というのは人間に一番重要なことです。それが一番発達しているのが日本人です。第三の目を持っている。

それを世界で発表しようが、何をしようが、やってもやってもうまくいかない。それを阻止する機関があるのではないか？　それで何十年と陰謀論を研究したわけです。これ以上言ったら命がないかなとか、やつらはどういうふうな仕組みでスピリチュアルなアートをシャットダウンしてきたのか、西洋で生から死に向かうアートをなぜ主流にしたのか。

フランス革命までは宗教画でした。その後、印象派が生まれて、野獣派、象徴派、さまざまなアートのジャンルに生まれましたが、印象派以降は、ジャポニズム、浮世絵とか、ことごとく日本のアートのパクリです。

特殊な宇宙の仕組みを持つ日本人、この国はこれから全ての分野で世界のトップになる！

日本人がなぜメシアなのかというと、宇宙の仕組みを日本人が持っているということです。信じられないでしょう。

最近、インターネットが普及するにつれて、海外からの旅行客がことごとく「日本は特殊な国だ」、「世界で一番すばらしい国だ」と言います。焼け野原になった国が、たった20年で世界第2位の先進国になった。ヨーロッパは植民地を利用して250年かかっています。アメリカは、アメリカンドリームでカネを払って世界各国の優れた人間を集めて、必死になって急速に先進国にしたわけですが100年かかっています。日本は誰の力もかりないで20年で世界を席巻する。恐ろしいことです。

ハーバードの教授もフランスの人類学者も、ことごとく日本人の怖さを知っている。特殊なんです。

高速鉄道にしても、根本的に新幹線のレベルに世界は追いつけない。リニアモーターも、603キロの世界記録のものなんかつくれない。

それだけではありません。兵器産業が全部日本に負けて、アメリカの軍部がお手上げしたんです。ロッキード、グラマン、アメリカが頂点だと思うでしょう。これからは空母も原子力潜水艦も、メンテナンスは三菱と川崎のパドックでやることになった。それから、アメリカの技術者と日本の技術者で新しい兵器は日本でつくりましょうとなった。日本の科学者でないとできないのです。

燃料電池、ハイブリッド、車にしてもトヨタが全固体電池を開発しました。水素エンジンはホンダが圧倒的です。半導体はTSMCが4ナノで世界一だといわれていましたが、2ナノができた。トヨタ、ソニー、三菱UFJ、日立など、国内8社で半導体の共同開発組織をつくった。京都大工学部で、到達できないといわれていた1ナノをつくった。

何から何まで、これから日本が世界一になる。メシアのときが来たのです。ただ、当の本人の日本人が目が覚めていない。２０１８年から２０２８年ですから、すでに一歩手前まで来ているのです。

ちょっとくどい話で申しわけないのですが、私は自慢話をしているわけではありません。皆さんに一刻も早く目を覚ましてほしい。私も生きるか死ぬかの人生を送っているものですから、家族からも見放されて、２週間で食費が１０００円、２０００円ということもある。自分で好き勝手にここまでやったわけだから、私は家族には泣きつかない。何を食っても「これはうんめえ」、それが私の運命だと。そんなジョークを言っている場合じゃない。

宇宙の仕組み、日本人の肉体や精神の構造は全く特殊です。日本人が本気になったら20年で世界一になる。人口密集度は東京が世界で一番高いということですが、満員電車で行列をつくって並んでいるのは日本だけだそうです。外国は我先に行って、怪我をしたり、足を踏まれたり。

それから、ゴミが落ちていない。世界中ゴミだらけなんです。ニューヨークは何度行っても埃っぽくて、ゴミがある。パリは2つぐらい路地裏に行ったら、落書きだらけだし、セーヌ川はドブ臭い。ソウルも最悪です。東京はゴミ一つ落ちてない。地方もそうです。

そんな国は日本しかないです。

コテンパンに焼け野原になっても、20年で復活できる国は日本しかない。工業製品も、ここ一番というときには、どこの国も開発できないようなものをポンポン開発できるのは日本人しかいない。

仕組みが違うんです。これがメシアの正体です。だからどうしたらいいか。宇宙をまず学んで、どういうふうに日本人とリンクするか、ちょっと探ってみましょう。

宇宙の次元

[figure 1]

宇宙というのは、まず点が1次元です。

点が動くと線になって2次元になります。太陽から水金地火木の太陽系の図、ケプラー方程式、あれは2次元です。横から見たら平らです。

3次元が立体。ニュートンがリンゴが木から落ちるのを見て発見したとか、3次元になればニュートンですね。微分積分方程式はニュートンの発見したものです。

4次元が時間の概念。光の速さに近い速度で飛ぶと時間にずれが生じるとか、時間の概

宇宙の次元

M理論　エドワード・ウィッテン

１次元　点
２次元　面　ケプラー
３次元　立体　ニュートン
４次元　時間　アインシュタイン
５次元　折り畳まれた空間リサ・ランドール
６次元　ビッグバンの誕生
７次元　進化
８次元　記憶　アカシック・レコード　海馬
９次元　生命
１０次元　自由　無限の可能性
１１次元　全体の時間

★　人間の脳は１１次元にリンク

[figure 1]

念で4次元を発見したのがアインシュタインです。相対性理論。

5次元が折り畳まれた空間。5次元までたどり着いたのはリサ・ランドールです。宇宙はカーテンのようになっていて、カーテンの表がちょっと見えるだけで、裏に隠れたところのエネルギーとかは全部見えないんだと。これがダークマター、ダークエネルギーです。

5次元まではたどり着いています。

その先はわからなかったのですが、6次元がビッグバンだというんです。私はこの辺、疑問があるのですが、今の最先端の理論物理学の抜粋ですのでまあいいでしょう。

7次元というのは進化している。

8次元が記憶、アカシック・レコード。人間には海馬という記憶回路がありますが、あれは別の次元だというふうに今は分類しているのです。それが8次元です。

9次元が生命。宇宙方程式は絶えず変化しているのです。重力にしても、空気の濃度にしても、絶対零度がマイナス273度といっても、揺れ動く。だから100度で沸騰する場合もあるし、１００・23度のこともある。零度以下まで凍らない場合もある。宇宙定数は少しずつ、いつも変化していて、変化すると同時に、ほかの宇宙定数が瞬時に補っているのです。

何を補うのか。生命が生きられるように補う。宇宙は生きているのです。これはホメオスタシスとか宇宙恒常性と表現されますが、川崎市岡本太郎美術館のイベントのときに、教授の弟子連中に「これはどういうことなんだ」と聞いても、誰も答えられない。彼らは一つの分野だけのスペシャリストだからわからない。ほかのことは何も学ばない。ほかのことを学んでも、国から予算が下りないのです。

スペシャリストの時代は終わりました。これからは雑学者、ジェネラリストの時代になる。一般大衆の我々が主役の時代になるのです。もうなってきていると思います。

10次元が自由、無限の可能性を秘めている。

11次元が全体の時間。

エドワード・ウィッテンという人が17～18年前に、宇宙は11次元であるということを発表しました。だけどノーベル委員会は証拠がつかめなくて、ウィッテンの11次元が本当かどうかまだわからないので、ウィッテンはいまだにノーベル物理学賞をもらっていません。

でも、日本人は11の秘密を知っている。最高神を十一面観音として崇めています。11の神をつくっている国は日本しかない。

ビッグバンが生まれたあとが11次元です。ビッグバンが生まれる向こうにカバラの設計図があるのです。これが12次元、ビッグバンの潜在宇宙です。12のエネルギーで月は運行している。だから日本はかぐや姫やお月見の文化があるのです。

11次元の向こう、マルチバース理論でさまざまな宇宙ができている向こうに、総本山がある。これが13次元の神、ヤハウエです。13を知っている民族は日本しかいません。十三仏というのは、この世からあの世に導く神です。最高神として13を大事にしているのです。

彼らは日本人が選ばれた民だということが憎らしくてしようがないので、13日の金曜日だとか、13を秘数にしている。

我々は龍座の遺伝子でできている。だから日本を中心として、アジア圏では龍は神の使いです。それが彼らは憎らしいのでドラゴンにして、悪魔の使いにしている。

我々の遺伝子は二重螺旋です。特にYAP遺伝子は333の塩基が乗っている。これは日本人だけだというのはご存じでしょうか。そして2つ合わせると666なんです。日本人の遺伝子です。それを彼らは悪魔の数字にしているわけです。

彼らは、宇宙と日本はリンクしているという日本人の秘密を知っているのです。

今後、日本人が歩むべき道

［figure 2］

今、さまざまな「情報」が飛び交っています。これは最終結論で言うべきことかもしれませんが、我々はさまざまな情報をまず「言葉」にしなくてはいけない。言葉にしたら、それを「行動」に移さないとダメなんです。行動を「習慣」にすれば、それが「運命」になる。

食べるものがなくなって、「何でもうんめえ（運命）」なんて言っている場合ではないんです。そうしたときに、日本人が今後歩むべき道は、このシステム以外ありません。他人でも心底、命の原点が理解できる者同士が、無二の親友としてつき合う時代が訪れたのです。石井社長と私は運命共同体です。

情報
↓
言葉
↓
行動
↓
習慣
↓
運命

［figure 2］

そのきっかけとして、今日は加藤さんをお呼びしました。私はこの時期が来たら加藤さんをお呼びしようと思って待っていたのです。

彼はすばらしい。この後、彼に舞踏のパフォーマンスをしてもらいます。大野一雄の魂の舞踏は彼しかできません。大野先生と私の密接なつき合いはご存じですよね。だからここから始まるのです。

今日は17時で終わりますが、その後、17時半～18時半、「イッテル珈琲」でお茶会を開きたいと思います。生の豆をその場で炒ってコーヒーを淹れる特別なコーヒーなのでスイーツ付で1杯1500円だそうです。1500円の会費を払ってお茶会に出られる方は、ぜひ今日と明日、参加してください。そこでお互いに連絡先をやりとりしてください。京都は木乃美が担当します。東京は寿美さんです。

寿美さんとは十数年のつき合いなんですが、娘さんが才女で、中学生のときから私が陰謀論を話すと、「それで？　それで？」とメモするんです。じゃあ時間をまとめて講演しようということで、彼女の娘さんの絵里奈と、大江戸温泉物語に丸一日いました。中学校のときに真剣に全部まとめて、学校の先生はここまでは知っている、これは知らないんだなということが全部見えるようになったそうです。その後、日本女子大に行って、4年間首席で授業料免除。その後、早稲田の大学院に行っても総代で授業料免除です。私の支持者でもあって、大学生のときにキュレーター（学芸員）の資格を取りました。

そういう仲間を増やしたいと思うのです。何としても上野のブルーテントにならないように私も努力しますが、これはどうなるかわからない。時々夢を見るんです。素っ裸でジャングルの中を全力疾走していると、枝とかがぶつかってあちこち血が出る。そうすると私の支持者が後ろから来て、「手当てしましょう」と言うので、私は「バカヤロウ。命に別状ねえだろう」と言う夢です。

それで学んだ2つの金科玉条があります。「限界を出発点と思え」と「地獄を故郷と思え」です。これを頭に叩き込んでからは怖いものなしになりました。

多次元同時存在の法則・日本人の特別な能力

[figure 3]

日本人は神様がいないような感じがしませんか。アマテラスといっても、あれはニギハヤヒです。多次元同時存在の法則というのがありまして、八百万（ヤオヨロズ）の神、日本人は全てのものを神として認識できる能力があるのです。これも神です。便所の紙も神だと村田○○先生が言っていました。あの人もジョークが得意です。

なぜなのか。脳の処理の仕方が外国人と違うのです。『オアスペ全訳』をごらんになる

多次元同時存在 - 日々徒然スピ日記（にゃべ） - カクヨム
その法則を適用すると欠史8代だけでなく18人の古代天皇が全て同一人物となるのだそうです。 神武天皇＝崇神天皇＝神功皇后＝応神天皇＝仁徳天皇. 祭神の御霊を次々と ...
https://ameblo.jp　brownie-chocolat
かごめかごめ④～多次元同時存在の法則 - Amebaブログ
2013/7/2　かごめかごめ④～多次元同時存在の法則 ... なので、皇祖神として伊勢神宮に祀られている神様は天照大御神アマテラスオオミカミということになっていますが ...
http://new-world-friends.blog.jp　ar...
「多次元同時存在の法則」と「一神則多神則汎神の原理」 - 真実への探究
2018/11/11　この「多次元同時存在」は「一神則多神則汎神」ともいう。 つまり、神は1つだが、1つの神が無数の分身を作り、無数の分身から更に無数の分身を生んで ...

[figure 3]

【オアスペ全訳第1巻】
OAHSPE：宇宙創成、人類誕生から紀元前3950年まで

【オアスペ全訳第2巻】
OAHSPE：紀元前3950年から紀元後約1450年まで

【オアスペ全訳第3巻】
OAHSPE：紀元後約1450年から現在、未来へ

といいけれど、人類が5回滅びたので、「イヒン」という、今度こそ滅びない精神性最高次元の人類をつくり出した。それが日本人です。我々は、6回目の滅亡を防ぐために送り込まれた民なのです。イヒンの時代はテレパシーだけで会話ができていたというぐらいです。

赤ちゃんのときに頭の上が2つに割れてフワフワしているのを知っていますか。第三の目があるのが日本人です。第三の目は宇宙のエネルギーと通信できる。

そして、脳の中心に松果体があります。ホルスの目です。松果体は受信装置です。日本人は極めてそれが発達している。肉体的な構造が全く違うことがだんだんわかってきましたね。

手塚治虫は医者で、日本人の秘密を知っているので、『三つ目がとおる』という漫画を描いた。あれは日本人の特殊性を描いているわけです。ふだんは第三の目に絆創膏を貼っていて、「ボクちゃんは」なんて言っていますが、何かの拍子に絆創膏が取れると、スーパーサイヤ人レベルの、町を火の海にできるパワーを持っています。これは危険だというので、そっと行って絆創膏をペタッと貼ると、「アレ？　僕何やってたの」となる。日本人の秘密、第三の目で日本人は覚醒できる。

どういうふうに宇宙とつながるか。神道も多次元同時存在の法則というのを日本の宗教は編み出した。これが元伊勢といわれている「かごめかごめ」籠《この》神社です。

籠神社の海部《あまべ》宮司が、月刊誌「ムー」で取材にきた飛鳥昭雄にバラした。「ムー」という雑誌は学研です（現在はワン・パブリッシング）。陰謀論の最右翼というのはおかしい。学研は教科書を印刷しています。日教組とつながっている。日本人洗脳委員会の片棒を担いでいる会社が、日本のための情報を流すはずがないでしょう。間違っているでしょうか。飛鳥昭雄は怪しい（？）。三上丈晴も怪しい（？）。

2012年に世界が滅ぶと大騒ぎになったのをご存じですか。毎月のように「ムー」が特集を組んでいた。あのとき、私は中丸薫さん（明治天皇の孫娘）の秘密結社「太陽の会」に10年間入っていました。私が潜在意識のことをいろいろ言うので、中丸薫さんが興味を持って、会員同士でホテルに泊まるといつも隣に来て、ああじゃない、こうじゃないと。それでいろいろ秘密を探り出したのですが、そのとき中丸薫さんも、2012年に世界が終わるという本を何度も出していました。終わる、終わると言っていたが、終わらなかった。

ベンジャミン・フルフォード、船井幸雄、中矢伸一、いろいろな方いましたが、2012年、何事もなくて、何事もありませんでしたという本を出した人はいないでしょう。バカにするな、と言いたい。

私が10年間分の月刊誌「ムー」、１００冊以上を梱包して資源ゴミに出したら、住吉組の幹部の連中から、「命はねえぞ」と電話がかかってきた。「ムー」がヤクザとつるんでいるかもしれないという黒い噂は本当だったのか。これ以上、あまり言わないほうがいい。

『ガイアの法則』がヒカルランドから出ていますが、８０５・５年周期で、地球は軸がぶれてコマのように回っています。歳差運動です。そして宇宙が銀河系を回るときに、８０５・５年周期で、シュメールから始まって、前インダス、インダス、メソポタミア、ガンジス、ギリシャ、唐、アングロサクソンと文明が入れかわっていったわけです。

アングロサクソンは２０１２年に終わった。イギリスの王朝の８００年の植民地の栄華が終わり、今、イギリスの衰退が始まっています。２０１２年、１３５度線の日本に行ったわけです。日本が終点です。ここから始まります。

やつらはそれが憎らしくて、２０１２年に滅ぶ、滅ぶと言ったわけです。13日の金曜日や６６６の悪魔の数字ではないけれど、２０１２年に日本人が世界の中心になることを隠蔽するために、みんなことごとく世界が滅ぶと言った。あそこで同調した陰謀論者は、全部あの後消えました。陰謀論は、あそこから我々素人の手に戻ったのです。

今日と明日のセミナーは陰謀論ではありません。陰謀というのは、わからないように悪事を働いていくことらしいです。そうじゃないでしょう。悪事を働いているのは彼らです。

メシアの到来をコントロールしているのは、八咫烏です！

シュメールから始まって、日本に来たわけです。2012年にスカイツリーが建ちました。高さは666メートルです。634メートルといわれていますが、基礎工事まで含めると666です。それと同時に、日光東照宮の五重塔のてっぺんが海抜666です。寸と尺の時代に、なぜ海抜が読み取れたのか。ということは、あそこに五重塔を建てるということを計算して、東照宮の地盤を造成しているわけです。シリウスですよ。

それで、「ちょうどいい」ということで2012年に覚醒する。666のスカイツリーと東照宮の五重塔が海抜666で同じだということで、スカイツリーの開業と同じ日に、数百年ぶりに日光東照宮の五重塔をご開帳して秘宝を発表したのです。

浅草出発、日光終点の東武鉄道が、宮沢賢治のイーハトーブにつながるのです。これは明日の虎の巻なんですが、2回言ったほうが頭に入る。それでイーハセーブ。関東地方、特に東京を中心に、西武と東武で世界のエネルギーが始まるということで、西武鉄道、東武鉄道、西武デパート、東武デパートをつくっているわけです。そして６６６のスカイツリー。

誰がお膳立てしているのか。メシアの到来をコントロールしている人間です。八咫烏ですよ。飛鳥昭雄が八咫烏と京都で接見したと、15年くらい前の雑誌「ムー」に載っています。目隠しされて行って、30分ぐらい走ったから、八咫烏は京都の山奥の別荘に住んでいるのではないかと、関西、関西と言っていた。

八咫烏の本籍は日光です。現住所は東京です。京都がこれから表の文化を牛耳るのです。裏の世界を牛耳るのは東京都、東の京都です。西は太陽が沈むところまで担当するわけです。東は日の出づる国の民。方位学で出ているのですが、東が青龍です。瀬織津姫ですね。

そして南が朱雀、西が白虎、北が玄武です。

それだけではありません。中心が黄色です。中国のエンペラーが黄色の服を着られる。

日光は青です。東の照らす宮です。宇都宮は黄色なんです。黄ぶな、ＬＲＴの車体、それからサッカーチーム、栃木ＳＣもユニフォームが黄色です。

東京は赤です。信号の色なんです。東京の赤は、赤羽、大宮に徐福が文明を開いたからです。だから東大が赤門なんです。

東京の赤は、ヨーロッパのＤＳのオリオンの赤とは違います。光というのはスペクトルで分けると、波長が一番荒っぽくて弱い光が赤で、細かくて屈折率が一番強いのが青です。東京の赤は光ではありません。太陽神アマテラスです。

争いの歴史を作り続けた「統治王」と地上と神をつなぐ王としての「祭祀王」の違い

アマテラスの正体は何なのか。4人の神、アマテルクニテルヒコ、アメノホアカリ、クシミカタマ、ニギハヤヒノミコトの合体です。ニギハヤヒ大王の化身なんです。

アマテラスを女神としてうそぶいて、乗っ取りにかかったのが大化の改新です。表の天皇は24回入れかわっています。大室寅之祐が明治天皇と入れかわったなんてレベルじゃない。表はどんなにかわってもいいんです。原爆を落としたのは昭和天皇だなんて、それはどうでもいい。地上のことです。

人間は目玉が2つついています。それは地上を見るためですが、地上ばかり何百年、何千年と見ているとどういうことになるか。「隣はピアノを買って憎らしい」とか、「あのせがれは出来が悪いのに教授に賄賂を使って大学に入ったんじゃないか」とか、地上を見ていると覇権争いしかない。あの国は景気がいいから戦争を仕掛けて金（きん）を横取りしてやろうとか、統治王というのは争いの歴史です。

海外は統治王の文化です。そこに唯一世界を救うための民族としてシリウスが送り込んだイヒンの日本人は、統治王プラス祭祀王です。地上と神をつなぐ王として国を治める祭祀王に権限を与えたのです。そうすれば争わない。祭祀王のエネルギーを出すのが第三の目です。


日本人の秘密が少しずつわかってきましたね。私は偉そうに言っていますが、大変な目に遭いながら勉強してきたわけです。さんざんな人生です。でも、もう一回生まれてきても、またやってみたい。誰も彼もみんな離れてしまって、うちのテニスのお客も口をきかない、話もしない。子どもは私と話をします。「日本人は選ばれた民なんだ」「そうなんですか」と、子どもは純粋でいいですね。親は反対する。

大体子どもを強くしようとするとおカネがかかります。うちは安くコーチに貸していて、ほとんどガス会社で食べています。テニスの父兄はみんなプライドが高くて、半分は外車に乗っている。そういう人たちに私が何を言ってもダメ、けっして受け入れようとはしないのです。

瀬織津姫とかぐや姫は同一人物⁉　全ての神がリンクする！

多次元同時存在の法則で、全ての神がリンクしてきます。

一言で言うと、瀬織津姫とかぐや姫は同一人物です。織姫とも同一人物です。それから宗像三女神。スサノオとアマテラスが戦ったときに、天でアマテラスに剣がバリバリと食べられ、荒っぽいので地上に落とされたとか。

スサノオはニギハヤヒの弟です。なぜなら、アマテラスの弟がスサノオで、アマテラスはニギハヤヒです。だからスサノオはニギハヤヒの弟なんです。そしてアマテラスの正体は、神代文字でアマテラスには12名の妻と1人の正妻がいたと残されているのです。その正妻が瀬織津姫といわれています。瀬織津姫はニギハヤヒのお嫁さんなんです。

瀬織津姫とかニギハヤヒというのは、世襲制の称号です。例えば内閣総理大臣とか、お相撲の行司の第何十何代・式守伊之助のように、世襲制なんです。

それを全部リンクして、世界を統治する役職がスサノオで、地上から天に向かう役職が瀬織津姫です。シリウスがちゃんとつくってくれたわけです。

これが天の川伝説につながるわけです。彦星がニギハヤヒと書いてあります。そして織姫が瀬織津姫です。夫婦なのに、年に1回しか会えない。夫婦なんだから、毎日会えるようにしなくちゃいけない。それをメシアとして復活させるのが日本人なんです。

夫婦が毎日会っても、いいことはないけどね。1カ月に1回でもいいね。私も1週間に15秒ぐらいの会話はあります。いつもニャンコのドクちゃんと会話しているんだけど何を言っているかわからないんだ。

天の川伝説は、統治王と祭祀王の意味です。祭祀王が世界を救うのです。なぜなら女性のほうが人類を平和に導くのに優れているからです。

女性の優位性はマウス実験で実証済み!?
男はいかにメシアの鍵となる「女性」の感覚に近づけるかが分かれ目！

男性と女性は構造が違います。私はこのことで対談したいと、いろいろな学者に手紙を書いたり、電話をしたりしたら、会ってくれた。25年ぐらい前、早稲田の生物学の権威が、私が見ている前で、カゴの中に雄と雌のマウスを入れて、割りばしの先に針をつけてツンツンと突くんです。突く人とカウンターではかる人で計測すると、六百何十回で雄がパタッと倒れる。雌は頑張って千二百何回で、大体倍です。

皮をはいで解剖すると、無数に赤の点々があるのですが、内臓まで行っている点々は一つもない。痛いというストレスで死ぬそうです。先生が、「人間も全く同じ構造だ」と。それから嫁さんとけんかしなくなりました。勝ち目がないからね。（笑）しぶとい。まず肉体的に優れている。子どもを産めるのも女性です。

男と女は脳の構造も違います。女性は脳の大きさが1割ぐらい男より小さい。そうすると能力が低いと思うじゃないですか。そこには大きな理由があって、右の脳と左の脳をつないでいる太い神経の束が、男より1・5倍ぐらい太い。そうすると、「あなたは20年前にああいうことを言ったでしょう。忘れないからね」と執念深い。男は先月のことだって覚えてない。

私はアーティストだから漫画で解いたんです。ドキンちゃんとばいきんまんは究極の男と女です。ドキンちゃんはわがままでかわいい顔して、海水浴で「暑い、暑い。暑くてとてもダメだから、ばいきんまん、雪を降らせて」「ハイ、わかった」。ばいきんまんはバカ正直だから何でも言うことを聞く。雪を降らせる装置で雪を降らせたら、ほかの海水浴客が「冷たい！　アンパンマン助けて！」。「コラーッ」とアンパンマンが飛んできて、「またやってるのか」と言うと、「ヤバい」と言ってドキンちゃんは小さいＵＦＯで先に逃げてしまう。ばいきんまんは残されてボコボコにされて、煙を吐きながら「それはないよ、ドキンちゃん」と追いかける。２人はバイキン城で一緒に暮らしていますが、どうもセックスレスの関係のようでもあるし、ドキンちゃんのあこがれの君はしょくぱんまん様です。それはないだろう。

男と女、男は全く言うことを聞かない嫁さんをもらったほうが努力して伸びる。優しくて言うことを聞く女はダメなんです。ソクラテスとクサンティッペの関係です。

根本的に女性のほうが倍のスタミナと、倍の集中力と、倍のわがままを持っている。だから祭祀王になれるのです。男が祭祀王になったらろくなことがない。「あいつ、いい暮らししてる。許さねえ」とか、そんなことしか考えない。「夜中に攻撃してやっつけちゃおう」とか、せいぜいその程度です。だから祭祀王は女性なんです。

結論からいえば、日本人のメシアとしての復活は女性が鍵を握っています。徹底的にわがままになって、それでも言うことを聞く男を集めて軍団をつくればいい。それで逃げていく男は相手にしない。これが結論ですね。

私はアーティストとしてやってきて、究極のエネルギーを使うには両性具有の感覚を身につける必要があると思う。女性の感覚に近づくこと。とてもじゃないけど、男というのはダメで、意気地なしで、すぐに弱音を吐くし、泣き言を言うし、精神がもろい。いろいろなものが半分なんです。だからその弱さの裏返しとして、男は統治したがるのです。私はいろいろ研究してそう思います。

宇宙を探った学者たち、日本人は探らなくても全てを知っている!?

[figure 4]

学者たちがさまざまに宇宙を探ってきました。これは話が長くなるので、本になったら一つ一つインターネットで調べてもらえればわかります。宇宙を探っているのですが、本当は宇宙を探ることではないんです。宇宙を探る発想というのは、統治王のエネルギーです。

日本人は探らなくても全て知っています。それが阿吽の呼吸、一を知って十を知るということです。日本の感覚は第三の目、松果体が違う。

学者たちが宇宙を探ってきて、宇宙がどれほど精神的に優れているか、意識の塊かとい

宇宙を探った学者たち

アインシュタインの光の粒子と波
長岡半太郎の原子模型
ディラックのｉ項の追加
パウリの排他原理
ハイゼンベルクの不確定性原理
シュレディンガーの猫
ファインマン方程式
南部陽一郎　対称性の自発的の破れ
小林誠・益川敏英（対称性の自発的の破れ）
小沢の不等式

2022年ノーベル物理学賞アラン・アスペ、ジョン・クラウザー　アントン・ツァイリンガー（ベルの不等式の破れ）

うことが今、だんだん証明されてきています。

例えば、結婚間近の男女の男だけを地球の裏側に連れていって、彼を日干し状態にしてメシも食わせない、水も飲ませない。「ああ、俺は死にそうだ」と言うと、その瞬間に女性にエネルギーが伝わる。これは実験で証明されています。スーパーマンじゃないけれども、鉛の部屋だとX線も通らない。それが鉛の部屋に入れても伝わるのです。外を見て、木が青々と茂っている。「すばらしい木だな」と思った瞬間に、そのエネルギーが葉っぱに伝わる。これはもう証明済みです。宇宙全てが意識体なんです。

これはくどいことを幾ら言っても始まらないので、本になったら一つ一つ調べてみてください。宇宙を探った学者たちは何人もノーベル賞をもらっていますが、私は疑問です。無学な人間が言うようだけど、そんなことわかっているじゃないということです。

超対称性粒子というのがあります。宇宙がビッグバンでできたときに、プラスの因子とマイナスの因子が、全部双子きょうだいで生まれた。それがくっつくと、対消滅ということで消えてしまう。それがダークエネルギー、ダークマターで、わからないエネルギーとして消えていくのですが、どういうわけか、ほんのわずかにマイナスの因子が多かった。それによって宇宙に物質が残ったのです。全部フィフティ・フィフティだったら、宇宙から物質は消えていた。

その対粒子を人工的につくるとどういう現象が起こるか。対粒子の片方を90度回転すると、対の粒子がその瞬間に逆に回る。これが宇宙の果てから果てまで行っても、瞬間に伝わるということがわかってきたわけです。それを利用しているのが量子コンピューターです。

宇宙が心だということを今の学者もやっとわかってきて、やればやるほど実はわからなくなっているのです。宇宙は心だから、わかるはずがない。

日本語は世界でただ一つの父音がある言語

それを日本人は知っている。漢字に出ています。「心」というのは、絶対三神の3つからエネルギーがおりてくるでしょう。そこに神のエネルギーを一つ加えると悟れるわけです。それでスッと一本入れたら「必然」になる。漢字に証明されているのです。

アイウエオ、カキクケコ、言霊、日本語だけが母音と父音と子音がある。父と母と子のエネルギーで日本語はできています。世界には言語が約7000ありますが、父と母と子の音でできているのは日本語だけです。だから日本語は、しゃべればしゃべるほど父と母と子のエネルギーが充満して、八百万の神で安定して争わない。豊かになれるのです。

外国語は違います。父音がありません。アルファベットにもないし、全ての言語にない。だから外国語は、しゃべればしゃべるほど父のエネルギーが不足するので、心が不安定になって争いが始まる。それを救うために、男性神を神として崇めて、朝に晩に「天にまします我らが父よ」とお祈りする。そうしないと心が安定を築けない。根本的に構造が違うのです。

１カ月前、言語学の五島幸一先生に私はやんややんや電話して、「アイウエオは日本を洗脳するためにどこかで捏造されたんじゃないか。本当の日本語の言語を探してほしい」と言ったら、「何でですか」と言うから、「アが最初で、一番下がイじゃなくちゃおかしい。アとイが最初と最後で、それが『アイ』、宇宙の源泉の源だ」と。そうしたら江戸時代末期まで、「天津菅麻（あまつすがそ）」でアオウエイだったんです。

これは大発見です。「そんなことを言っている人は誰もいませんよ。何でわかるのですか」と言うから、「いや、俺はわかっているんじゃなくて、そうとしか思えないから言っているんです」と。

私は人間の生きるか死ぬかを経験してきているので直感が働く。理屈抜きに、そうとしか思えない。言語をアオウエイに戻すと、日本人は愛の塊の民族として復活できる。

日本人の構造と宇宙の仕組み

［figure 5］

日本人の構造と宇宙の仕組みについて、私がクロッキーで描きました。

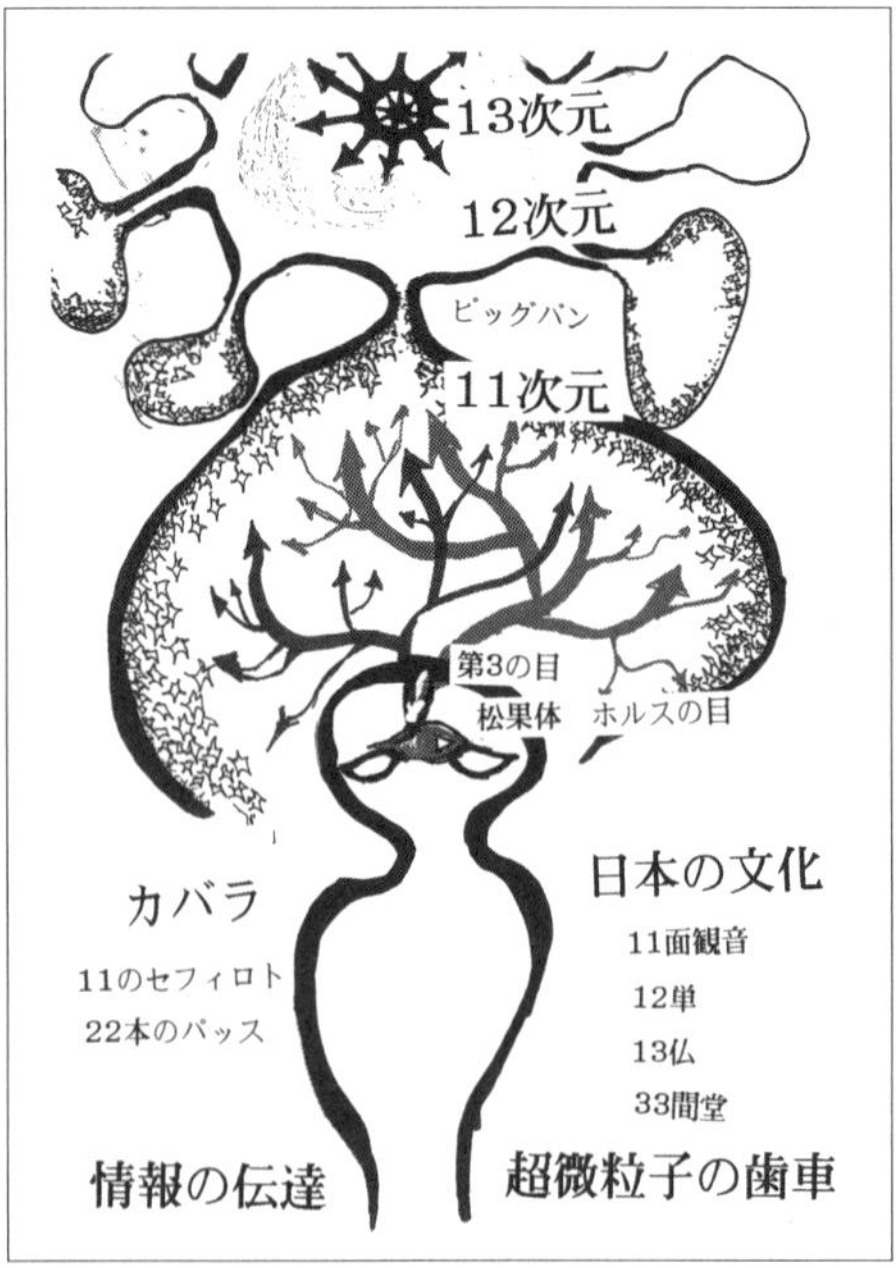

［figure 5］

先ほどもお話ししたように、目玉というのは横に2ついている。地上を見るようにできているのです。そして2つの目玉で鏡を見ると、不思議なことに右と左が逆に映ります。だけど上と下は逆に映らない。あれがどういうことなのか、学者は今、実はわかっていません。右と左は逆転するのに、何で上下が逆転しないのか。光がaとáというだけではわからない。

それでできた町が京の都です。左にあるのを右京区、右にあるのを左京区といいます。京都御所から見下ろしたときに、右だから右京区ではないかと言う人がいましたが、違います。左京区の右側が空海の東寺です。東と西は逆転していません。

これは神の目から見たときの鏡反転です。そうしたとき、左にある右京区の広隆寺に弥勒菩薩がいるわけです。ミロク、３６９を足すと18です。オハコ（十八番）なんです。観音、如来は神ですが、菩薩は神ではないです。人間が修行の果てになり得る人間のあるべき姿を菩薩といいます。

弥勒菩薩が言わんとしていることは、あと56億７０００万年後に降臨する。地球が46億年しかたってないのにね。５６７を足したら18です。オハコなんです。得意の十八番。何をオハコにすれば菩薩になれるのか。忘己利他の精神、自分を忘れて他人のために生きるという、日本人にだけ与えられた神の遺伝子を復活させて生きることによって、弥勒を復活させるのです。

私はこれをずっと言っているのに、石井さんしか耳を傾けてくれません。これは間違いない。ほかにも証拠はたくさんあります。国宝選定委員会に知っている人間がいますが、数年おきに国宝の認証の見直しをやっています。重要無形文化財になったり、国宝になったり、揺れ動いている微妙な国宝もありますが、毎回、国宝認定第一号は弥勒菩薩です。それほど大事な国宝なのに、メディアがシャットアウトしている。

その裏には電通がいる。日本を滅ぼそうとしているブロンフマン一族です。

日本を滅ぼそうとする勢力は、イルミナティ13の血流の上にいる12貴族である！

フリーメイソンのピラミッドは33階級で、その上にイルミナティの13血流がいるわけです。これが頂点だと陰謀論者は言っていますが、全く違います。13血流はロックフェラー、ロスチャイルド、メディチ家、ケネディ家などいろいろいますが、これは絶えず揺れ動いています。その上に12貴族というのがいる。その上はアーリア人、異星人になるわけですが、一応地球上の問題としては12貴族がいる。

私は興味あることはすぐに覚える。12貴族の覚え方は、令和6年、渋沢栄一がお札に印刷されますが、イメージとしては「澁澤龍彦がエレキギターのロックンローラーになって、タフな寅に変身する」というイメージで覚えてください。「シブサア、エレキデ、タフトラ」と覚えるのです。

シェルバーン、ブロンフマン、サヴォイ、アイゼンベルグ、エッシェンバッハ、レーゲンベルク、キーブルク、デル・バンコ。デル・バンコはスイス銀行をつくったイタリアの悪いやつらです。そして、タクシス、フローブルク、トッゲンベルク、ラッパースヴィル。覚えられるでしょう。

これが12貴族で、揺るぎのない大富豪です。ここ2000年～2500年間にわたって、1％にも満たない連中が世界の富の95％以上を牛耳って、我々を家畜と呼んでいます。許せない。

もう間もなく終末、危ない状況が近づいているわけです。そこでメシアとして覚醒して降臨する日本人を、彼らは目が覚めないようにさせなくてはならない。必死になって日本人を一人残らずいなくさせようとしているのです。本当です。

どこまで言ったらいいのか迷いもありますが、私はもういいんです。今までの苦労を全部さらけ出します。

イヒンからつくられた日本人はカルシウム吸収率3割増し、その上体から抜ける率は3割減、世界一強靭なのだ!

この図がどういうことを言っているかというと、日本人の第三の目が覚醒するということです。日本人はそれで宇宙のエネルギーを感知できる民族です。イヒンというあまりにスピリチュアルな生き物にしてしまったので、生殖能力が弱って、子どもをつくらなくなってしまった。これはまずいというので、ハイブリッドにして、強靭な肉体を与えて送り込んだのです。

どう強靭なのか。日本人は外国人よりカルシウムの吸収率が3割高くて、体から抜けていくカルシウムは3割少ないのです。日本人は骨粗鬆症になりにくい。骨折しづらい。相撲に強い。

カルシウムは肉体に影響しますが、精神にも影響します。カルシウムが不足すると、精神が安定しないし、精神疾患になりやすい。カルシウムを外国より3割吸収して、3割出ないから、日本人は粘り強いのです。

研究をやってもそうです。本田技研は小さな町工場でスーパーカブをつくっていた。そこから十数年でF1で優勝するなんて、普通あり得ない。本田宗一郎は寝袋で研究室に寝泊まりして、世界一にならなくちゃ認めないぞと、最高級の弁当を取り寄せながら、研究者たちと寝る暇もなく研究した。日本人は頑張れるんです。そういう能力を与えられています。

日本のアニメクリエーターたちは、必死になってメシア（瀬織津姫）の復活・到来をメッセージしている！

日本はすごい。だからスーパーヒーローがたくさんいます。この間、夢を見ました。人間がもしメシアとしてダメなときは、海からゴジラが上陸してくる。ウルトラマンも来る。お台場からガンダムが動き出す。鉄腕アトムもいるし、鉄人28号や七色仮面もいる。そして月よりの使者、月光仮面がいる。あれはかぐや姫の伴侶です。かぐや姫と瀬織津姫は同一です。

日本のクリエーターは、メシア到来に向けて必死になっています。

新海誠の「君の名は。」の内容は、瀬織津姫復活です。2回見ましたが、よくわからないと思いませんか。外国人には何を言っているのかさっぱりわからないでしょう。日本人だって説明を受けてもどうかなというレベルです。それが邦画の歴代興行収入第3位です。興行収入第2位は「千と千尋の神隠し」です。あれも瀬織津姫です。

「もののけ姫」のアシタカは、かぐや姫を守って東北（蝦夷）の出雲系に逃がしてあげた翁、ナガスネヒコです。神武天皇に敗れた出雲の王です。

クリエーターたちが必死になって日本から瀬織津姫、出雲を復活させようとしているのです。

3・11でアメリカに狙われた日本、東京湾水没の最悪事態を阻止したのは誰か!?

日本をやっつけるには、まず蝦夷、出雲の総本山を水没させようということで、アメリカが仕組んだのが3・11です。純粋核を使ってやりましたが、彼らにとって十分な結果ではなかった。それで今度は、東京湾でやる気になったのです。3・11の後、仙台上空に長さ10キロの葉巻型UFOの母船が月の裏側から来た。「何やってんだ。我が子孫の日本を滅ぼすつもりなのか」ということで、それから毎日、42機の2キロから3キロの葉巻型UFOが日本上空にいて、見守っています。

3・11の後、東京を水没させようとしているのがわかったときに、葉巻型UFOの母船が来て、「今度やろうとしたら、地中海に高さ100メートルの津波を起こし、ベネチアとローマを水没させるぞ」と脅されたのでできなくなったのです。

八咫烏の計画は、天の川の彦星と織姫（統治王・祭祀王）を大奥で復活させること！

今、オリオンとシリウスの一騎打ちです。シリウスが守ってくれていますが、それに甘えていてはダメです。そのストレートな司令塔、レビ族の八咫烏が今、ちゃんとやっている。表の天皇は24回も入れかわっているから、京都御所を改修して、天皇を京都に帰す予定です。その後に江戸城を復活させるのです。予算を数百億とってあります。私は20年くらい前、太陽の会でその情報を知りました。

江戸城が復活したら、大奥制度を復活させるそうです。お城の中で6割が大奥です。3割が中奥といって、将軍と武士がいるところで、1割が表といって、応接間です。

6割の大奥は、地方から極めて鋭い女性を将軍のお嫁さんとして連れてきたのでありません。祭祀王なんです。その制度が明治維新で壊された。八咫烏が江戸城をつくってそれを復活して、瀬織津姫、かぐや姫を復活させる。かぐや姫は秋田に逃げた。かぐや姫のお墓は千数百年にわたって宮内庁が管理しています。その子孫はものすごく美人集団だったのです。秋田美人のルーツです。

天の川の織姫と彦星、統治王、祭祀王を東京に復活させるのです。そのために皇居と東京駅が地下の通路でつながっていて、天皇を守るための装置もたくさんあります。その前に東京駅を大改修したわけです。世界中の駅で、あれだけカネをかけた駅はありません。2階建てだったのを、大空襲でやられる前のもとどおりの設計図の3階建てに戻した。東京駅は半端じゃないでしょう。

京都御所の改修も6〜7年前に終わりました。天皇を帰すのです。文化庁も京都に移した。表の京都にして、裏の京都を復活させる。これがシナリオです。すぐそこに来ています。

八咫烏が666の電波塔を建てて、シリウスの我々の先祖が、何寸何尺の時代にメートルになることを知っていて、ちゃんと海抜666メートルの五重塔を東照宮に建ててくれた。入り口の馬小屋に三猿がいます。「見まい、聞くまい、話すまい」。

私はあの猿は秀吉かなと思ったら、つくられたのは秀吉が死んでから17年後だった。猿田彦ですよ。猿田彦はイコール、イエス・キリストです。猿田彦は日本に2回来ています。

だから記紀では猿田彦を何としても封印している。猿田彦が連れてきた弟をイシキリといいます。猿田彦の身代わりになって処刑されたので、イシキリ（イスキリ）の墓が青森にあります。猿田彦はイエスです。それを「見まい、聞くまい、話すまい」。

結局、東照宮の秘密を猿田彦が設計した。五重塔が666、鳴き龍で龍が戻る。そして陽明門は、幅11メートル、高さ約11メートル、宇宙の数字にしています。寸と尺なのに、メートルで設計されている。そこをくぐる人間、日本人が宇宙に行けるわけです。向こうの出口のところで、宇宙から帰ってこられるように1本だけ柱が逆さ柱になっている。あれは戻り道の柱なんです。そして唐門があって、眠り猫。日本人は眠っているんじゃないか。究極の終末になったら、私が目を開きますよという意味です。

この映像は、私としてはなかなかのできばえだと思うのですが、一々説明しません。本になったらじっくり見てください。

宇宙を探っていた学者たち、これはごく一部分ですが、学者たちはまだたどり着いていません。宇宙が心の塊だということに気づき始めてきたということです。

日本人は知っていた。十一面観音、11の2倍で富士山、それから厳島神社、廿日市市。「はつか（20）」に「いち（1）」と市（1）」で22、だから満ち潮になったときに厳島神社の鳥居に神が来る。華厳の滝から神が行くわけです。富士山は3776メートルとされていますが、6ではなくて5なんです。そうすると22になる。みんな封印されているのです。

漢字も封印された⁉
気は氣、宇宙全体からエネルギーを集め、それで米ができる！

アイウエオもいじられたし、漢字もいじられた。

「氣」という字を「気」にしてしまった。「氣」が本当なんです。宇宙全体からエネルギーを集めるのが「氣」です。それでできた食べ物がお米です。

極めつけは「和多志」です。平和の「和」を「多」く「志」す、「和多志」というのがわたしの生き方の目標ですよということです。それを「私」にして、和多志をなくしてしまった。和多志は3文字で面倒になりますが、平和に忘己利他の精神を多く志す生き方をしなさい。そうしたら弥勒菩薩になれますよ。日本人はメシアになれますよというのが語源です。江戸末期まで使っていました。やつらはずる賢くて、言葉は変えるわ、文化は変えるわで、日本を封印している。

それだけではありません。「体」という字は、「骨」に「豊」の「體」が本当の字です。

だからカルシウムをたくさんとれ。いつまでやってもギブアップしない精神力を持っているのが日本人なんだということを教えるために「體」なんです。それがジャンクフードにしてしまったのでカルシウムがとれない。このへんから全部戻さなければいけません。

前半は以上で終わります。

【休　憩】

第2章

地球を乗っ取り
奴隷化しているのは
リゲルからのアーリア人！

後半です。よろしくお願いいたします。

ここ3年ほどコロナの騒動がありましたが、ちょうど3年前の1月から6月まで、カバラの講演を毎月やりました。1回4時間で、2時間やって10分休み、後半をやる。よくやったという感じです。

ここ1カ月の間にこの講演会があっという間に決まりまして、何気なく今までのCDのストックから、私が若いころの日本のポップス、海外のポップス、ディスコ関係の10枚組セットの3種類を、毎日寝る前に1枚ずつ聞いていました。うちのネコ（ドクちゃん）はなかなか勘がよくて、座ってジーッと耳を傾けて聞いていた。私としては当時あれほど感動したと思っていたのが、ちょっとニュアンスが違っていて、もう一度聞きたいという曲がないんです。バブルがはじける前のころのものですから時代も違っていますし、大局的に分類すれば、ノスタルジー、センチメンタリズムという感じがメインでしょうか。昔の曲は、もう時代性に合ってないですね。

雨が降っているのに傘がないとか、今はそんなセンチメンタリズムどころじゃない。世界が終わるか終わらないか、白か黒か、勝つか負けるか、生きるか死ぬかという時代に入ってきたと思います。文化的に曖昧なものがそぎ落とされている時代になってきたと思うのです。

さまざまな預言書の一つとして江戸時代の「をのこ草子」もある！

先ほど、「よげん書」には2種類あると言いました。予測する予言書と、このままいったら人類が滅びるということで、神が預けた預言書がある。

預けた預言書の主だったところは、「死海文書」、「ナグ・ハマディ文書」、江戸時代中期、吉宗の時代の「をのこ草子」、セルビアのミタール・タラビッチ（1829〜1899）による「クレムナ預言」。弓月君の民が通過してきたようなところは、スピリチュアル性が残っています。そして1880年「オアスペ」です。この辺は軒並み預言書、計画書です。

あと、岡本天明の「日月神示」も、自動書記による預言書です。これは預けたのではなくて、これからどういうふうにするよという計画書らしいです。人類は何度も滅んでいるので、どのへんまで文明が進めば、次どうなるということが過去のデータであるわけです。節目節目に彼らがコントロールしないと本当に滅びてしまうわけです。

「をのこ草子」も不思議な預言書で、作者不詳です。私は画集『虚舟』を描きましたが、このころに江戸の横の海岸線にＵＦＯが不時着しています。その光景が今でも詳細に、茶色くなった古いかわら版として残っています。窓からのぞき込んだところに「王」という字とか、神代文字、小脇に玉手箱みたいなものを抱えた女性が降りてくる姿とかが克明に描かれている。

そのときに滝沢馬琴が『うつろ舟の蛮女』という長編小説を書いています。滝沢馬琴は『南総里見八犬伝』とか、どうも不思議な人間離れした作家だと思います。

私は「をのこ草子」は時代性から見て、これからの日本がどうなるということを滝沢馬琴が預かったんじゃないかと思えてならないのです。時代性と内容が一致しています。「をのこ草子」は、将来、電子的な情報に頼るようになって、人間関係が希薄になって、人よりも機械に頼る時代になると預言しています。まさしく現代ですね。そして次に訪れるのは、機械がどんどん成長を遂げて、機械同士の戦いになって滅びる時代だと。

紀元前の「死海文書」には、次に人類が滅びそうになったときは、東の海を隔てた日の出づる国の民が、海を渡って救済の民族として訪れるだろうと、２０００年以上前にそういうことを言っているのです。まさしく日本人じゃないですか。

宇宙の誕生と日本人のかかわりは深い！

インターネットが日々発達し、もう十年一昔という時代ではありません。今は1週間一昔ですね。新しい情報が席巻して、それと同時にフェイクの情報もどんどん蔓延しています。

（映像を見ながら）

宇宙の誕生と日本人のかかわり合いについて、簡単に説明します。

約136億年前にビッグバンでこの宇宙ができたといわれています。

約46億年前に地球が誕生したようです。

それから2億年後に、月が誕生しています。なぜかというと、月がないと、地球に生命が生まれない。引力でゴンドラのように引っ張られることによって、海水が満ち潮、引き潮で攪拌されないと、海の中で生命が生まれにくいわけです。それで人工でつくられたのが月です。月は人工天体です。

人工天体である４４４の秘数「月」について

月は４４４の秘数でできています。太陽の４００分の１が月の直径です。そして地球から月の距離の４００倍の距離に太陽がある。そうすると三角形の定理で、日蝕のときにすっぽりとはまる。月は１日４００キロ公転しています。だから月はいつも裏側が見えない。それだけではなくて、もう一つ４がある。地球の直径の４分の１の大きさなんです。

このの４４４４を足すと４×４＝16、私はこれが天皇の十六菊花紋のルーツの一つではないかと思っています。ほかにもリンクするものはいろいろあります。

月は中が空っぽ、空洞です。なぜかというと、ＮＡＳＡが月に行って爆薬を仕掛けてリモートコントロールで爆発させたら、その余韻が除夜の鐘のようにウォンウォンウォンウォンといつまでも消えない。中がびっちりと詰まっていれば、ボンとなったら音はすっと消えます。中が空洞なんです。

十数年前、月に「かぐや」という衛星を日本が飛ばしました。その映像を公開してないのはおかしいと思いませんか。最初のころは、月の上をフーッと動くような映像を出していました。ただ、パッと切れてしまう。そして別の光景でフーッと行ってしまう。継続的にずっとは流しません。月の裏側にはいろいろな建物が建っていて、UFO基地がいっぱいある。だから流せないのです。

アメリカが何度行ったのか知りませんが、それっきり行きません。脅かされたのです。「おまえたちが来るところじゃない。もう来るな。撃ち落とすぞ」と、UFOに取り囲まれて脅された。結局、月の裏側は、人類が6回目に滅びないために設計したシリウスの基地なんです。

オリオン、シリウス、プレアデスをカバラの3本柱と見ると、シリウスが王族です。だから人類を滅ぼさないように、遺伝子操作してイヒンという生物をつくることができる。それに対抗して、何が何でも地球を乗っ取ろうとする勢力もいるわけです。地球は銀河系の中でも、生命のゆりかごの星として有名です。成長してきたちょうどいいところで乗っ取ってやろうと、紀元前2500年に現れたのがアーリア人です。アーリア人はどこから来たのか。

宗教組織はフリーメイソンに加盟しないと法人の認証をもらえない⁉

参政党で栃木県からメシアを出そうということで、この前まで私は県会議員の後援会会長として随分頑張りました。２週間活動して４１００票取ったのはまあまあかなと思っています。でも８０００票取らないと県会議員はダメです。地方の参政党がＤＳに立ち向かうというスローガンでやってきたから、統一教会に嫌がらせをされて、私はひどい目に遭いました。

組織から何から、もう全部乗っ取られています。フリーメイソンといっても、33階級の一番下です。ボーイスカウト、ガールスカウト、ライオンズクラブ、ロータリークラブ、全部メイソンの組織です。宗教団体はメイソンに加盟しないと、宗教法人の認証をもらえない。そのかわりお布施しなくちゃならない。年間約６００億円の日本人のお布施が、韓国の統一教会に渡っています。

私のおじさんは東京の創価学会の大幹部なんですが、創価学会設立には、統一教会が援助金を出したとされています。向こうでつながっています。創価学会と公明党は政教分離違反ではないでしょうか。その２つで、日本人信者のカネが１２００億は韓国に行っています。韓国は、日本をがんじがらめにするためにＣＩＡに抑え込まれているから、韓国人の悪口を言ってもしようがない。

潜水艦も魚雷も日本が世界一です！　世界から恐れられる日本!!

私は世界的な画家、韓国のキム・スーと仲がよかった。数年前、九十幾つで亡くなりましたが、東洋人で初めてエルミタージュ美術館とプーシキン美術館で長期個展をやりました。その企画打ち合わせに呼ばれてつき合いがあったので、ソウルには何回も行きました。パーティーの会場で、「我々の合言葉は『日本人を本気で怒らせるな』。そう思っているから勘弁してくれ」というのを2回聞いた。韓国人は、日本人を極めて恐れている。それどころじゃなくて、アメリカ人もヨーロッパ人も、日本人に尻尾を巻いています。焼け野原から、20年で世界の先進国になるだなんて、とても考えられない。

自動車の開発にしても、彼らは実はハイブリッド車をつくれないんです。それでクリーンディーゼルなんてうそぶいてやっていたのが、排ガスの捏造問題でつくれない。それで日本車を潰そうと思ってEVをやっても、それもうまくいかない。中国では毎年、１００0万台売れ残った新車が放置されていて壊滅状態です。

それから軍需産業。三菱が12式誘導弾ミサイルの改良バージョンを、ステルス巡航ミサイルにした。それからラムジェットエンジンをつけて、射程９００キロまで伸ばしたとインターネットに出ていましたが、3000キロ、4000キロですよ。ロシアまで届くのです。日本のミサイルには勝てません。

ラムジェットを開発したのは東北大の工学部です。それを中国のエージェントにリークされて持っていかれて、中国とロシアがマッハ6とかのものすごい超音速ミサイルを開発した。あれは日本のラムジェットを盗んだのです。

それから潜水艦。皆さん、軍備はあまり興味ないですか。戦争になると避けて通れない問題なので、1~2分お話しします。

日本の潜水艦が恐るべしなんです。リチウムイオン電池搭載のたいげい型潜水艦、そうりゅう型潜水艦は、電池で動くから全く音がしません。そうすると、どこから飛んでくるかわからないミサイルで、戦艦であろうと、イージス艦であろうと、潜水艦であろうと、みんなやられてしまう。日本の潜水艦1隻で、中国の船も、アメリカの潜水艦も空母も、全部沈めることができるわけです。

なぜかというと、原子力潜水艦は30ノット出せますが、エンジンを切ったら、原子炉はメルトダウンで溶けるから止められない。原子炉がガーガー回っている音が24時間しているわけです。日本はソナーがものすごく発達していて、今、1000キロ先までの音が発見できるようになっています。1000キロの射程に入ったら、音もしない日本の潜水艦からステルスのミサイルで全部沈めることができる。魚雷も日本が世界一です。日本には勝てない。

日本の潜水艦は潜る深さが600メートルぐらいだったのが、ここに来て1000メートル以上潜れることがわかってきた。アメリカとロシアの原子力潜水艦のリミットが500〜600メートルです。それより400メートル深いところに音もしないで潜っているわけです。そして1000キロ以内に入ってきたのはみんなやられる。

韓国と中国の潜水艦は300〜400メートルしか潜れない。どこが違うかというと鉄板です。超硬質の超硬鉄板をつくれるのは日本しかない。日本刀の技術なんです。日本をやっつけることができなくなって、アメリカが尻尾を巻いて、アメリカの軍部の空母と潜水艦のメンテナンスを日本でやることになった。今、三菱と川崎のパドックでいろいろ改造しています。

それだけではありません。アメリカの軍事の技術者と日本の技術者で協力して、新しい兵器を開発しましょうということですが、違うんです。日本の技術をかしてくれという意味です。

なぜかというと、ステルス戦闘機のカーボンのファイバーのフィルムは東レです。ヨーロッパの2階建てのエアバスは、フレームをジュラルミンとかアルミでつくると重いので、カーボンフレームがいい。世界中に設計図を持っていって、つくれたのが日本の会社です。日本の技術がないと、今、最先端の飛行機も車もつくれないのです。

うちの兄がパナソニックで工場長をやっていましたが、ビルの7階、8階から、毎日下にブラウン管を落としていた。そうすると壊れる。カシオのGショックが壊れないのにヒントを得て、硬質ゴムでブラウン管を固めて8階から落としてみたら、壊れなくなった。それを何に使うのかというと、アメリカの戦闘機に使うらしいです。液晶パネルだと衝撃でひびが入ったら映らない。ブラウン管は電源を送っていれば映るそうです。アメリカのステルス戦闘機は日本の技術で飛んでいるのです。潜水艦も日本には勝てません。

これから日本が祭祀王、統治王の国になるということなので、トランプが軍事費を1％ではなくて3％にしてほしいと言いましたが、日本の政治家の8割方が韓国系なので、2％におさめた。

これ以上は言わないほうがいいかな。そうなると聞きたいでしょう。（笑）

「ねぎにら餃子」の娘さんとせがれが自衛隊に何年も勤めていて、大佐会というのを店でやっているのです。大佐以上の人が年に1回、集まって酒を飲む。日本の自衛隊は全く政治家を信用していません。実は核もいっぱい持っているという。だって、向こうから核ミサイルを撃ち込まれてから、さあ研究してやろうなんて言っている暇はないでしょう。さまざまな開発もあまり政治家には教えないそうです。政治家は、日本を滅ぼそうという連中だからです。真っ二つ、背中合わせなんです。

このへんにしておきましょう。これ以上言うとまずい。

日本の秘密・神社の意味！
日本人は地上と天をつなぐことができる唯一の民族!!

月をシリウスが守ってくれています。だからかぐや姫、日本にはお月見の風習があるのです。

黄金の板を、スイスのエーリッヒ・フォン・デニケンがインカの国境近くで発見しました。内容は明日言いますが、高さが52センチ、幅が14センチ、厚さが4センチです。そうすると、52の5と2を足すと7、14の1と4を足すと5です。7、5、そして4を全部足すと16になる。日本の天皇が数千年前に世界に文明を広めたという黄金の板です。

16はほかにもあります。先ほど言いましたが、月の４４４４です。

そして七五三になると、15になるわけです。子どもに七五三をやるのはどういうことかというと、15というのは、新月から満月の十五夜になるという意味です。それで成長するという秘密です。

神代文字は約40種類あって、６００以上の洞窟にペトログリフとして刻まれています。GHQに幾つも発見されて、ことごとく破壊された。シリウスは、将来、物質文明の民が世界をリードしたときに、日本の秘密が壊されるということ予想していたのでしょうね。神社があると、その裏山とか、２つ、３つ裏の山を本尊ということにしていて、誰もわからない。そこの洞窟にペトログリフで刻んであるのです。

日本の秘密、シュメールの起源、漢字が中国から来たなんて真っ赤なウソです。日本が世界の中心で、楔形文字も日本がつくったし、宗教の原型も日本の古神道です。

日本には約10万の神社があります。海外に行ったら、教会とか町の集会所ぐらいしかありません。何で日本には10万も神社があるのか。

うちは自宅に神棚があって、蔵の2階にも神棚がある。それから、昔はおカネ持ちだったから自宅の奥には氏神様、蔵の横にはお稲荷さん、屋敷のテニスコートの端っこには地蔵神がある。５つあるんですよ。ということは、10万の神社のほかに、日本全国で日本人が祀っている神が何十万カ所とある。これは何なのか。

神社は、我々人間が絶えず神の御心とつながっていることを認識させるためのツールです。外国人には第三の目がないし、勘が悪いから必要ないんです。

神社の鳥居は、鳥の居どころです。ＮＨＫはニワトリがとまるなんてうそぶいていましたが、あれは八咫烏がとまる居どころです。参道は、神から生まれるということで「さんどう（産道）」なんです。そして手水は、羊水の意味もあるのです。注連縄は雷が生まれる前の雲だという説が主流なんですが、実は雄と雌の龍が絡み合って、そこから生命を降ろすというのが真実みたいです。そして注連縄についた白い紙飾り（紙垂《しで》）は雷の稲妻で、光に乗って命が降りてくる。本坪鈴《ほんつぼすず》のガランガランというのは雷の音です。

パンパンと拝んで、奥まで行っても本尊がない。神鏡があるだけです。これは何なのか。八咫鏡に自分の顔を映す。あなたは神の分け御霊ですよということを認識させるための装置が神社です。そして神社のある森の木は切らないから、日本には森がなくなることはないのです。

そんなのが何十万と日本にあるわけです。日本人は地上と天をつなぐことができる唯一の民族です。そのために神社があるのです。

イエス・キリストとニギハヤヒは、多次元同時存在の法則により同一である⁉

稲荷神社。イナリ、インリ（ＩＮＲＩ）、これはイエス・キリストの罪状です。ナザレのイエス、ユダヤの王という意味です。稲荷神社はキリストです。キリストは統治王です。マグダラのマリアは祭祀王です。ということは、イエス・キリストとニギハヤヒは同一になる。彦星も同一、多次元同時存在の法則です。

祭祀王が中心です。そうすれば人類は滅びない。だから神は、女性に特殊な能力を与えたのです。脳の構造も違うし、痛いというストレスに男の倍以上強い。何十年前のことでも覚えています。「何十年前に、あそこであいうことを言ったでしょう。あのとき私は非常に傷ついた」と。力づくでは男のほうが強いけれど、小言を言われたら勝てない。明日仕事があるし、謝る以外ない。だから女性が祭祀王にならないとダメなんです。男はなる資格がない。

それを勘違いして、大化の改新の前あたりに、あちこちの部落で祭祀王を男にしてしまった。だから争いが絶えない。困ったなということで、もとどおりに戻そうというのが卑弥呼なんです。それでやっと平穏になったわけです。

纏向《まきむく》遺跡で何千何万という桃のタネが発見されました。恐らくあそこが卑弥呼の本拠地です。そして北九州、豊受の神、ウケミタマノカミと同一です。ウケミタマは大山祇神社です。大山祇神社は一万数千ありますが、みんな秦氏（弓月）がつくった。稲荷神社は3万2000、八幡神社は4万4000です。全部あわせると約9万〜10万です。

八幡神社は応神天皇が助けてくれたということで、応神天皇になっていますが、違う。応神天皇はキリストです。

その前は、猿田彦がキリストなんです。キリスト部族ですね。一家、子孫。だから日本のイスキリです。

私が「最初であり、最後である」ということにこだわっていたのは、イエス・キリストが、「私はアルファであり、オメガである」と言っていたからです。これは最初であり、最後であるということです。実はこの先がある。ヤハウエが「私はアルファであり、オメガである」と言っているのです。

最初で最後がアイウエオにリンクしないだろうと、私は言語学者の五島先生に食いついたわけです。「今の言語はおかしいじゃないか」と言ったら「どういうことですか」と言うから、「アとイが母音の最初と最後でなくては、アルファとオメガじゃないだろう」と言ったら、探り当ててきたわけです。つまり天津菅麻の「アオウエイ」だったんです。イエス・キリストもヤハウエも、最初と最後、日本の言葉を言っているのです。アとイなんです。「私はアイ（愛）である」。

アーリア人の正体は、星を乗っ取って奴隷にしてきたオリオン座リゲルの犯罪者たち！

なぜペトログリフを40種類もつくって、６００カ所にも散らばらせて複雑にしたのか。あの手この手で多次元で複雑にしているのは、日本が祭祀王で、世界の頂点に立つということを悟られないようにしてあったのです。

悟られてしまうと、真先に日本が、リゲルから来たやつらに滅ぼされてしまう。リゲルというのは、冬の星座オリオン座の４つある星の右下の大きい星で、直径が太陽の30倍ぐらいある。リゲルは銀河系の犯罪者集団の島流しの星です。なぜ島流しになっているかというと、発展途上の星に行って、乗っ取って奴隷の星にしてしまうからです。それで目をつけられたのが地球です。本当の話です。

そのリゲルの連中がアーリア人の正体です。この犯罪者集団が主にどこから来たかというと、牡牛座とその上にあるプレアデスです。

谷村新司の「すばる」という曲は、一晩で自分でもよくわからないうちにつくったと言っています。「さらば　すばるよ～♪」。おかしいじゃないですか。全然つじつまが合ってないと思いませんか。

プレアデスはシリウスに命令されて、せっせと地球に生命のゆりかごをつくりました。ミジンコもつくるし、草食動物もつくるし、木もつくる。草を食べて草食動物が増えたら、それを食べる肉食動物が増えて、人間みたいな荒っぽいのが出てきてそれを食べても、ちょうど地球が生きていられるように、さまざまに生命食物連鎖をプレアデスがつくったわけです。

それをことごとく破壊しているのがリゲルの連中です。紀元前2500年にアーリア人が地球を訪れなければ、世界の紛争の9割以上はなかっただろうと東大卒の武田邦彦先生が言っていました。

武田先生は参政党の5レンジャーの1人です。松田学さんは先月、混乱の責任をとって代表をおりてしまった。統一教会に荒らされているから、私もやめました。赤尾由美さんもおりてしまった。彼女は有名な右翼の赤尾敏さん、九十幾つまで日本橋や銀座で「日本人だらしないぞ」と辻説法していたすごい方の姪御さんです。

カネの力です。宇都宮で幹部をやっている女性が、大して儲かってもいない不動産会社の社長なのに、参政党の参議院選が終わったら400万の中古のアウディに乗りかえて、統一地方選が終わったら1000万のアウディの新車に乗りかえた。一体どこからカネが来るのか。カネの出どころは統一教会です。そういうので地方を抑え込んでいる。参政党はDSを一掃すると言っているから、伸びられたら困るわけです。統一教会は、星から星へと渡り歩いているリゲルの犯罪者集団が地球を乗っ取るお手伝いをしているわけです。

その予行演習として2000年、3000年かけて、1％にも満たない連中が、フリーメイソンとかイルミナティという組織をつくって、世界の財産のほとんどを牛耳っている。統治王一辺倒にしたわけです。そうしたら6回目の滅亡でしょうね。自分たちだけ生き延びようということで、核シェルターをいっぱいつくっています。

ノアの大洪水以降の世界と鬼界カルデラ大噴火！

[figure 6]

ノアの洪水の後、今から7300年前といわれていますが、紀元前5300年に、九州の薩摩半島の50キロ南で、鬼界カルデラ大噴火が起きました。1万年に1回あるかどうかの大爆発で、火山灰が今の伊勢神宮あたりまで降った。あのへんにいたシリウスの選ばれた民の連中が住んでいられなくなってしまったので、世界中に散らばって文明を広めたのです。それがシュメール文明、インカ文明、アステカ文明です。

シュメールの横にあった小さな町がスサという名前で、そこの代表者をスサの王といった。ニギハヤヒの弟のスサノオですよ。

ノアの大洪水以降

BC　５３００年　鬼界カルデラ大噴火
BC　３５００年〜５２５年
　シュメール文明
BC　２５００年　アーリア人出現
BC　１２００年　ドーリア人
　ギリシャに南下　スパルタなど
BC　６９０年　失われたイスラエル
　１０支族
BC　597〜５３８年　バビロンの捕囚
BC　５８６年　ユダ王国がバビロニア
　に征服される
４世紀〜６世紀　ゲルマン民族大移動

［figure 6］

ヨーロッパ、イギリスを統治していた巨石文明の担い手ケルト人とは、実は日本人のことです！

今のポーランドからアイルランドあたりまで、ヨーロッパ全土とイギリス全体を統治していたのがケルト人です。ケルト民族はヒッタイトの鉄器文明です。ヒッタイトも日本人です。ケルトはＹＡＰプラスです。琉球民族とアイヌ民族もＹＡＰプラスで、本州はＹＡ

Ｐマイナスです。それで京都と東の京都の部族に分けて、いつ終末が訪れるか。ちゃんと仕組みをつくって、今まで来ているのです。いつ江戸城が復活するか。

ケルトは自然崇拝ですから、イギリスの森の精霊もケルトの文化です。ストーンヘンジをつくったのもケルトです。そして春分の日がわかるような装置を世界中につくった。ここでタネをまいて暮らしていけば、人類は食べていけるというものを、ちゃんと世界中につくってくれたのです。

だから春分の日になると、ストーンヘンジの隙間のへりとへりから、その日だけ太陽が差し込むわけです。エジプトのアブ・シンベル神殿は、春分の日だけ奥のところまで日が差し込む。アステカのククルカンの神殿でも、春分の日だけギザギザのところが影になって龍が昇る光景が生まれる。エジプトのギザのピラミッドも、春分の日だけ奥まで日が差し込む通路がある。大分県の国東半島に大きな岩が割れているところがあって、春分の日だけ日が入る。

できるわけないでしょう。ギザのピラミッドの中の大回廊は湾曲しているのです。そして石と石が締め合うようにつくってある。今の技術ではつくれない。無重力にする装置で、全部シリウスがつくったのです。

インカの石の通路が残っています。地震でも絶対崩れない。カミソリの刃一枚入らない精度です。イースター島のモアイは、春分の日の太陽のほうを向いている。ギザのピラミッドの横のスフィンクスは、おなかとか横に大洪水の浸食跡がありますが、人間と獅子の合体で不思議じゃないですか。目は春分の日の太陽のほうを向いています。

ギザのピラミッドは、1万2000年前のオリオンの三つ星の位置だということで、1万2000年前につくられたという説が有力ですが、私は違うと思う。

なぜならば、この前、青森で3万5000年前の縄文の石器が発見されたし、「宮下文書」に富士王朝、不二阿祖山太神宮が2万年〜3万年前に栄えたという言い伝えがある。「宮下文書」を編纂したのは徐福です。徐福が日本に行ってから十数年後、司馬遷が『史記』を中国で残したわけです。その最後の1行で、「徐福は平原と広沢を得て王となり帰らず」と書いています。

どういう意味なのかよくわからなかったのが、最近やっとわかってきた。中国で「平原」というのは、周りを見渡して山脈が見えないところのことです。日本地図を見たら関東地方しかない。「広沢」、広い沢。東京は半分ぐらいが湿地帯、沢だったわけです。「平原と広沢を得て王となり帰らず」。今の大宮と赤羽あたりです。何になったのか。統治王の蝦夷、出雲系と一緒になった。そういうのが少しずつ読み解かれてきているわけです。

今はアーリア人（DS）とシリウス（トランプ、ホワイトハット）の一騎打ちの戦いの真っ只中！

シュメールもケルトも、世界が平和で農耕民族が暮らせるように、数千年、数万年にわたって祭祀王でやっていたから争いが起きなかったわけです。それが紀元前２５００年から様子が一変してしまった。星を乗っ取るアーリア人がリゲルから訪れたのです。

リゲルには牡牛座の犯罪者がいっぱいいる。だからメイソンの裏の紋章は、牡牛の角のデザインになっています。

中国は、73階建てのメインタワーを中心とした大富豪ばかりの町があったのが、今はゴーストタウンになって、最上階の73階の大広間に1トンの純金の牛の像が飾ってある。これで中国の裏はアーリア人の本拠地だということがわかります。それがホワイトハットとトランプによって、半導体規制とかさまざまな輸入規制で圧力をかけられた。中国は崩壊するでしょうね。

今、アーリア人とシリウスの戦いの一騎打ちなんです。

ホピ族、ドゴン族、ワイタハ族など世界各地に残る伝承では、シリウスB（YAPマイナス）の日本人が世界を救う、とある！

そしてトランプとホワイトハット。ホワイトハットとはどういう意味なのか。

アメリカにホピ族というインディアンの予言の民族がいます。ホピの予言に、「終末に白い兄が天から降りてくる」と書いてある。「東洋からの」と、ちゃんと日本人をうたっているのです。

インカには昔から、「この世が終わるときに天から白い王がおりてくる」という言い伝えがある。スペインが攻めてきたときに、彼らは白いから、神が来たんだということで無抵抗で明け渡すという間違いをしたわけです。

ニュージーランドのワイタハ族に、「昔、3つの大きな乗り物で300万人の民が来た。そのリーダーは黄金の龍である」という口頭伝承がある。

ワイタハ族の長老が数年おきに日本に3回来ていますが、去年（2022年）かおととし、「高齢だからもう来られない。黄金の龍が世界を救う。日本人なんだ。日本人、目を覚ましてくれ」、そして「我々は銀の龍なんだ。黄金の龍に従うだけなんだ」と言っていた。中国とかロシアは緑の龍と言っていますが、あれは銅の龍です。なぜかというと、銅が緑青を吹くと緑になる。これが金メダル、銀メダル、銅メダルのルーツです。

アーリア人はちゃんと知っています。世界を救えるのは黄金の龍だという言い伝えがあるのです。

アフリカのドゴン族は「シリウスが世界を救う」と言っている。シリウスのAとBの図面を刻んで知っているのです。

シリウスのBが我々YAPマイナスです。シリウスのBは白色矮星といって、大きな星が燃え尽きて縮小していって、光が弱いので肉眼では発見できない。シリウスのAは光って大きい。明るさは太陽の30倍、質量は約2倍ぐらいです。シリウスのBは小さくなっていますが質量は太陽と同じ、大きさは地球と同じくらいです。地球の1万倍の比重があるといいます。そこが我々日本人の出どころです。

どういうことかというと、遺伝子がぎゅう詰めになって黄金になった。だからビッグバンもすり抜けて、13の秘密を知っている。耐久性が違う、出来も違う、体の構造も違う。特に日本の女性はすごい。それが目が覚めるのがもうちょっとなんです。

ギリシャ人を殺してギリシャ神話をつくって、ナチスに金を貸した⁉
これがアーリア人移動系図‼

[figure 7]

紀元前2500年にアーリア人がインドの北西部に降りて、そこから世界中に散らばった。ゲルマン民族大移動というのはアーリア人です。どけどけとケルトを追い散らした。

ギリシャに入ったアーリア人はドーリア人を名乗った。武田先生と酒を飲みながら、「ドーリア人もアーリア人じゃないですか」と言うと「そうだ」。9割方のギリシャ人を虐殺して、乗っ取って世界最古の神話だとうそぶいてギリシャ神話をつくって、これが本当の世界最古の神話だといって、世界で初めてゼウスという男性神を祀ったわけです。

男性神とはどういうことか。祭祀王を統治王に切りかえたわけです。そこから世界中が戦争のるつぼになってしまった。

ドーリア人がギリシャでスパルタという都市をつくった。スパルタ教育というのはそこから来ているのです。アーリア人はとんでもない連中なんですが、世界中に散らばった。これがその図です。

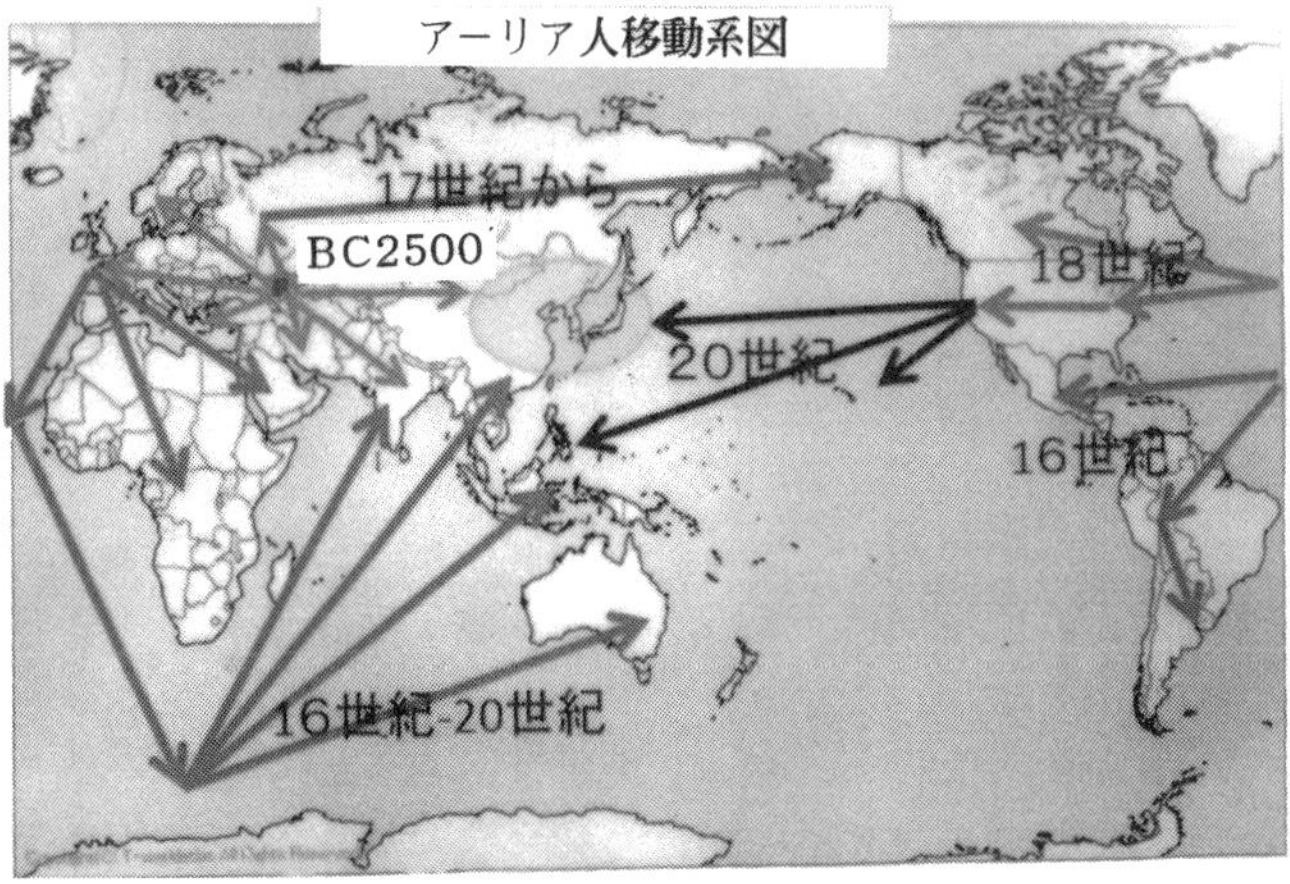

［figure 7］

アーリア人は日本を目のかたきにしています。アーリア人がＤＳの根源です、地球を乗っ取るために来たのです。だからナチスにおカネを出した。ヒトラーはアーリア人ではないのに、「アーリア人こそが選ばれた民である」と言った。カネを借りたからです。

インターネットで「ハウニブー画像」で検索すると、ＵＦＯの映像が出てきます。ＵＦＯにはナチスドイツのマークが入っていて、ナチスの将校が前に立っている。第二次世界大戦が始まる前に、何でドイツでＵＦＯがつくれるのか。アーリア人が地球を乗っ取るために、ゲルマン民族を乗っ取っているからです。そこから始まっているのです。だからロケットの父ヴェルナー・フォン・ブラウン博士は連中の手下です。それが終戦後、２派に分かれていったわけです。

一つはアポロ計画になっていった。

「TR3B　画像」で検索すると、三角形UFOの画像が出てきます。それがハウニブーの技術です。アメリカは裏の軍隊があるわけですが、軍部がホワイトハットと一緒にアーリア人から寝返った。地球を統一させないわけです。

今はせめぎ合いです。だけど日本に統治王を譲っているわけです。あとは日本人が目を覚まして、江戸城と祭祀王を復活すればいいのです。

八咫烏がせっかく江戸城、大奥制度を復活させようとしている。瀬織津姫、かぐや姫を復活させてもいい。末裔はこの人だといえば、それで通るのだから、あとは市民が「そうですね」と言わなければ興ざめでしょう。日本が盛り上がらない。あとは我々一般人が目を覚まさないといけない。今、日本は大事な時期です。

アーリア人（DS）に乗っ取られたアートは、堕落し、人類を白痴化、無能化するためのツールと成り果てた！

[figure 8]

物質文明を彼らが乗っ取った。そして生から死に向かう死のアートを全面的にやってい

[figure 8]

ますが、それと並行して、人類を白痴化させるため、印象派の後に、エログロナンセンスのポップアートをニューヨークにつくった。

　これはそれのきっかけとなったイギリスのポスターです。裸のムキムキの男の人が部屋にいて、その向かい側に女性のヌードの写真が貼ってある。それを見て興奮して、パンツ1枚なんだけど、それがブーッと膨れて、その先が「POP」となっている。バカにしているでしょう。これがポップアートのエログロナンセンスのルーツです。

[figure 9]

アーリア人がドイツを乗っ取って、第一次世界大戦前から死に対する概念を人類に埋め込むために、スイスの

[figure 9]

バーゼル生まれのアルノルト・ベックリンに「死の島」という絵をつくらせた。第二次世界大戦のときは、この絵のコピーを飾って、あなたたちがお国のために聖なる戦いをして運悪く命を落としても、ちゃんと死の島が受け入れて、弔ってあげますよと。バカにしているでしょう。ここから始まっているのです。産業革命以降、アートの文化の破壊が始まったのです。

[figure 10]

ポーランドのマグダレーナ・アバカノヴィッチという彫刻家の作品です。これは首がない。不気味でしょう。これをべらぼうな値段で売っているわけです。

[figure 10－A]

サメとか、サルとか、いろいろな動物をホルマリン漬けにして、水槽ごと数億、数十億で売った。ダミアン・ハーストというアーティストです。DSの仕掛けはすごいです。アートの破壊が始まった。

[figure 11]

究極は、人間の死体を加工、標本化した、「人体の不思議展」を上野の博物館でやりました。京都の博物館に行ったら、さすがに京都は意識が高い。女性のすばらしい評論家があらわれて、「死体が芸術か」と言って、２週間くらいで興行停止になりました。

[figure 12]

それでもやつらは諦めない。今、ニューヨークで世界を席巻しているのが、死体とゴミ

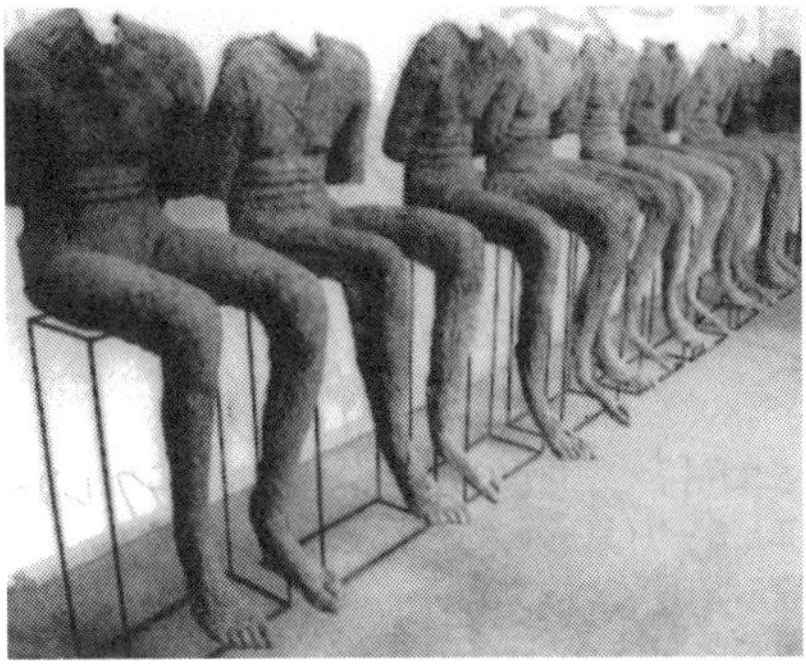

[figure10]

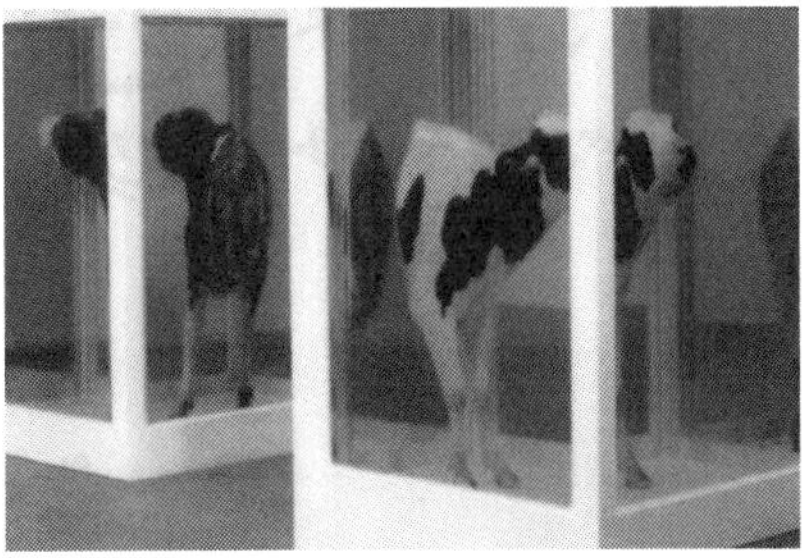

[figure10－Ａ]

[figure11]

[figure12]

[figure13]

によってオブジェをつくるアートです。

[figure 13]

それを仕掛けているのが先進国の国際交流基金です。JAPAN FOUNDATION。ファウンデーション、お化粧して日本人をめくらにする？　コケにしているでしょう。国際交流基金は国の機関です。

私は紹介されて10年前にここの部長と仲よくなって、何度も会いに行きました。最初行ったときは、おかしいな、分厚い強化ガラスで、各通路に行くたびにピッポッパで開けるなんて、まるで要塞みたいなところだなと思いました。最初は意味がわからなかったのですが、これはアーティストのクーデターを恐れているわけです。先進国にはみんなこういう機関がある。何をやっているのか。

今年の３月にやめたそこの部長は、私の画集も持っているので、私は画集が２００８年にハーバードの世界学会で発表になっているし、２０１１〜２０１２年に川崎市岡本太郎美術館で生誕１００年記念事業でやっているから、ベネチア・ビエンナーレにエントリー許可をおろしてくれと頼みました。ベネチア・ビエンナーレかサンパウロ・ビエンナーレでグランプリをとらなければ世界のアーティストとして認められないのです。ビエンナーレというのは２年に１回で、トリエンナーレは３年に１回です。

ベルナ・ビレンナーレで、私は一版多色で入選しています。これを世界でやっているのは私しかいない。でも一向にメディアが動かない。ベネチア・ビエンナーレかサンパウロ・ビエンナーレでないとダメなんです。

エントリー許可を頼んだら、予備審査会があるのでそちらに出してください。通れば出品を許可しますと言う。予備審査会の審査員は草間彌生、村上隆、奈良美智です。ポップアート・バリバリのＤＳが仕掛けたアーティストです。通過するはずがない。

[figure14]

[figure 14]

新宿にあるJAPAN FOUNDATIONの要塞のような施設です。世界各国にこういう機関があって、精神性、スピリチュアルなアーティストが世に出られないように抑え込んで、これこそ最高のアートだというのが死体アートなんです。人類を白痴化、無能化している。

なぜ精神性のアートを表に出すとまずいかというと、人間が霊的に目覚めてしまうと、DSの正体を見破るし、クーデターが起きやすくなる。意思を持つと、羊のように飼いならすことができなくなるので、文化を抑えているわけです。

それの先鋒がガゴシアン・ギャラリーです。ニューヨークのギャラリーに行きました。私の画集を持っています。ガゴシアン・ギャラリーはロンドンに3つ、パリに2つ、ローマ、ベネチア、スイスのジュネーブ、ビバリーヒルズ、それと香港です。日本にはつくれない。霊的に高いから敷居が高い。

なぜベネチア・ビエンナーレかというと、12貴族のデル・バンコ家がベネチアです。

日本には最大のオークションハウス、サザビーズとクリスティーズがあります。クリスティーズは東京駅の明治生命館、古いレンガ建ての4階にあって、一般の人は入れないのですが、私が行くと入れてくれます。

ニューヨークのバスキアのドクロの絵が、数年前120億で落札されました。ZOZOTOWN の前澤が買った。出品する前は3000分の1の値段でした。ドクロの絵がなぜ120億なのか。それを仕掛けたのはガゴシアンだろうと担当官に言ったら、「ハイ、そうです」と言った。全く悪質です。

世界の文化の構図がそういう感じなんです。私は30年間、それに真っ向勝負しているのです。まだ勝てない。でも、勝つか負けるかは私が決めることで、向こうが決めることではない。死ぬまで勝てないけど、死ぬまで負けないと思っていれば、死ぬまで負けない。何とかしようと思っているのです。

アメリカも中国も核戦争ありきで、核シェルターをつくり続けている!?
中国の核シェルターの全長はなんと9600キロ!?

[figure 15]

[figure15]

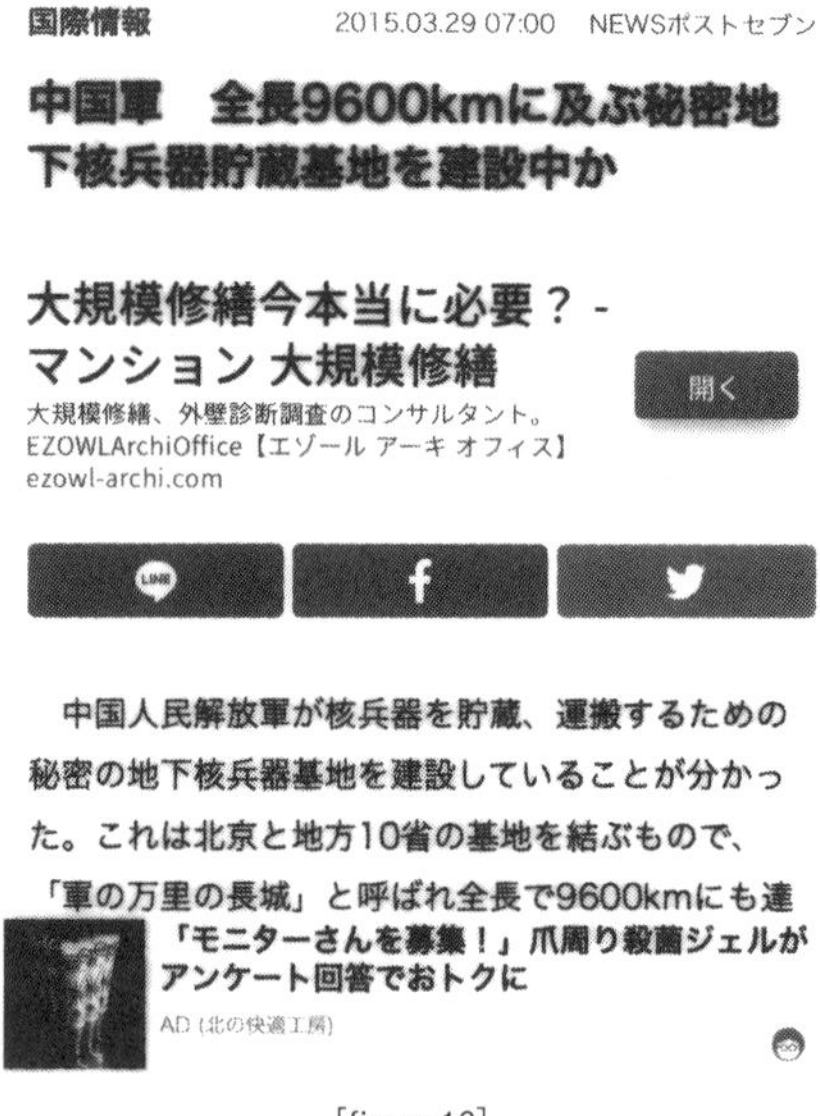

国際情報　2015.03.29 07:00　NEWSポストセブン

中国軍　全長9600kmに及ぶ秘密地下核兵器貯蔵基地を建設中か

大規模修繕今本当に必要？ - マンション 大規模修繕
大規模修繕、外壁診断調査のコンサルタント。
EZOWLArchiOffice【エゾール アーキ オフィス】
ezowl-archi.com
開く

中国人民解放軍が核兵器を貯蔵、運搬するための秘密の地下核兵器基地を建設していることが分かった。これは北京と地方10省の基地を結ぶもので、「軍の万里の長城」と呼ばれ全長で9600kmにも達

「モニターさんを募集！」爪周り殺菌ジェルがアンケート回答でおトクに
AD (北の快適工房)

[figure16]

アメリカの核シェルターの入り口です。世界を5億人にするための核戦争になったときに、やつらが逃げ延びるための装置がアメリカと中国に大々的にできています。

スイスは100%核シェルターを持っているのはご存じですよね。なぜなら、スイスという国はDSの国だからです。また中国の家庭は、自宅に核シェルターを持っています。

[figure 16]
中国の核シェルターの長さは９６００キロです。10年前は５０００キロだった。その写真も持っています。

[figure 17]
戦闘機まで格納できるのです。

[figure 18]
中国は「中国原子城」なんてバカなことを。言わなければいいのに、こんな垂れ幕をつけている。

[figure 19]
アメリカの核シェルターの構造図です。上は道路で、中は飛行機が通れるほど大きい。ところどころにこういうふうに、アリの巣のように螺旋状に一つの都市が入るような規模の核シェルターです。これをポンポン配置しているのです。地上で何カ月も続く核戦争が起きていても、自分たちは平気で生きられるようにしてある。

[figure17]

[figure18]

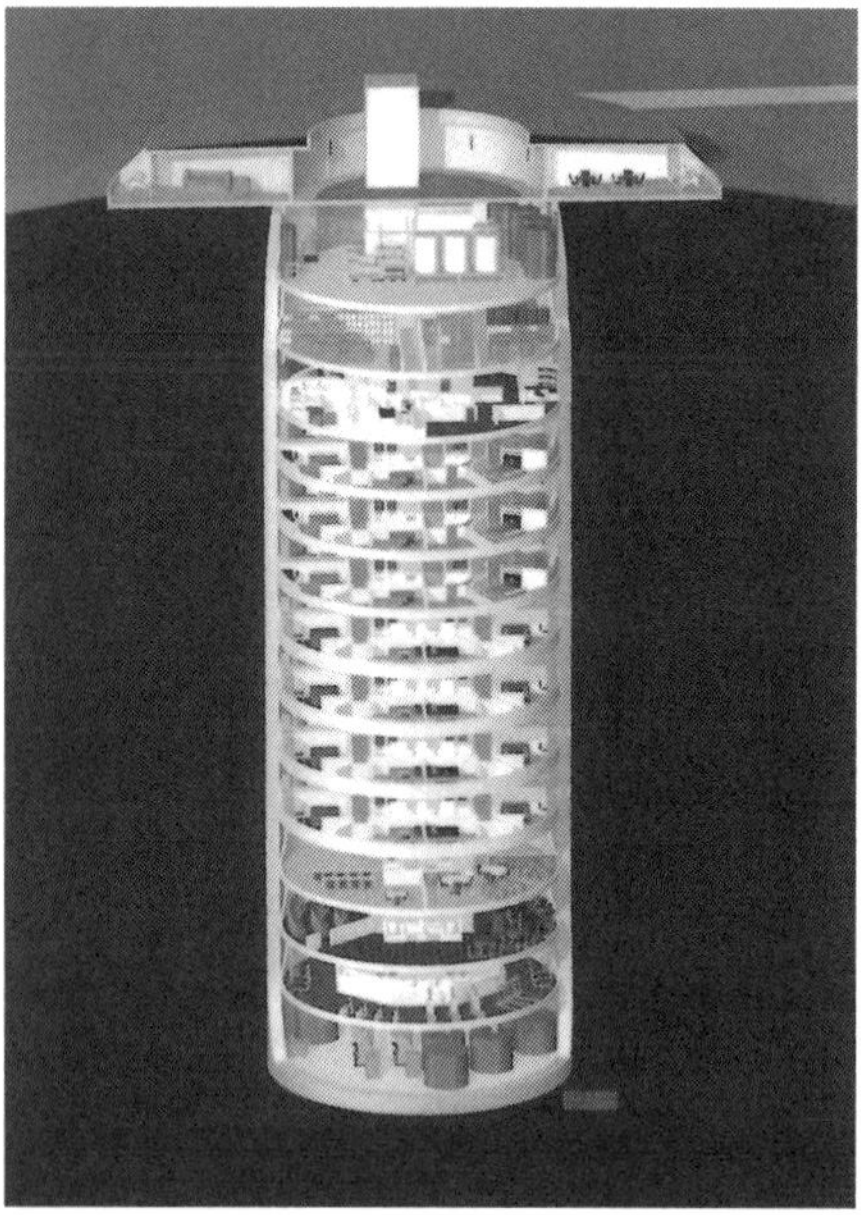

[figure19]

ホワイトハットはついにDSの解体に乗り出した⁉

［figure 20］

そこでホワイトハットが許さないと乗り出したのです。ヒラリー・クリントンが大統領になって、核戦争を始めようとしていたので、アメリカの軍部と協力したわけです。今のバイデンは、ゴム人間だとか、クローン人間だとか言われていますが、「ホワイトハット処刑リスト」でインターネットで検索すると、処刑になった人、数百人のリストが出ています。だけど、どこまで本当かわからないです。

［figure 21］

横須賀に、こういう大きなホテル船が2つ浮いています。横にUS NAVYと書いてあって、毎日すごい数の日本の悪者を横田基地からヘリコプターで輸送して、中で処刑していると言われています。どこまで本当かわかりません。だけどこの横に住んでいる女性が、この船をしょっちゅう見ると言っていました。『カバラ日本製』のセミナーのときに6回全部出席してくれた方です。時々黒いヘリコプターが飛んできて、中でミンチにしている

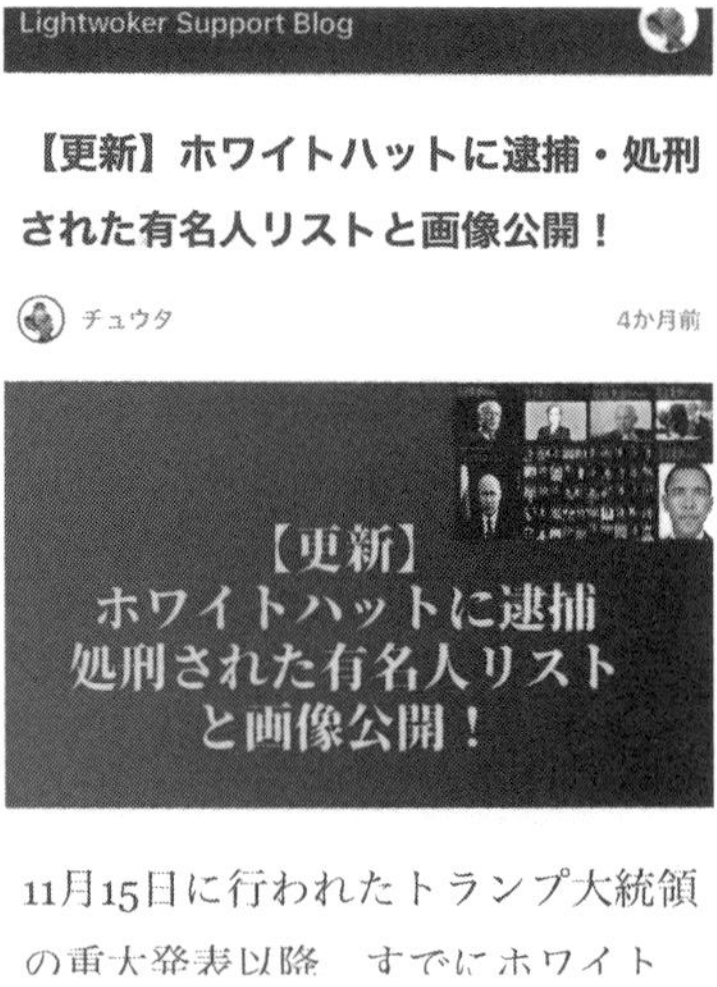
Lightwoker Support Blog
【更新】ホワイトハットに逮捕・処刑された有名人リストと画像公開！
チュウタ
4か月前
【更新】
ホワイトハットに逮捕
処刑された有名人リスト
と画像公開！
11月15日に行われたトランプ大統領
の重大発表以降 すでにホワイト

[figure20]

U.S. NAVY APL 67

[figure21]

らしいです。

[figure 22]

処刑された人のかわりがいないとバレてしまいます。一説には、前副首相の麻生さんは既に処刑されているとか、岸田首相もゴム人間だとか、小池東京都知事も既にゴム人間になっているとか。小池さんは統一教会バリバリでしょう。緑豊かな明治神宮外苑の樹木を伐採して、太陽光パネルをつくるなんてバカなことを許可した。あと、２０３０年にディーゼル車を東京都内に入れないとか。配送業者が入れなければ流通が止まってしまいます。

［figure 23］

アメリカのエリア51の地下にある、クローン人間製造工場の写真です。

クローン人間をつくっても、性格までは受け継げないのではないかと思うのです。あと、その人が誰に会って、どういうことがあったという、生きてきた人生の記憶があるわけです。同じ遺伝子で同じようにつくっても、その記憶がなければ会話が成り立たないでしょう。あと、家族がどう判断するかもあります。

だけど2カ月ぐらい前から、大変な騒ぎなんです。ホワイトハット処刑リストによると、マドンナ、レディ・ガガは処刑されています。なぜかというと、若返り効果があるとされるアドレノクロムを常用していた。アドレノクロムを子どもの下垂体か

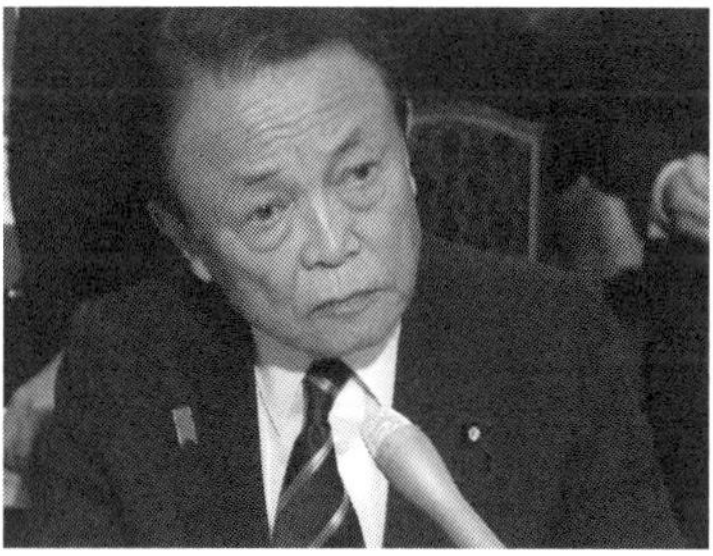

[figure22]

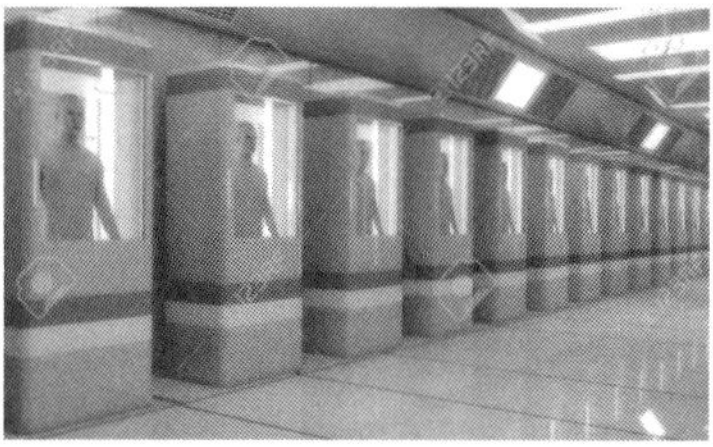

[figure23]

ら注射で抜き取って、芸能人はそれを年がら年中摂取している。それで膨大なる数の子どもが世界から消えているわけです。ハリウッドのスーパースター連中、トム・クルーズもリストに入っていました。本当かどうかわかりませんよ。私は長年にわたるDSの研究家の方と一緒に、「ほんとかな」と週に2回検討しているのですが、結論は出ません。

どこまで本当かわかりませんが、いずれにしてもDSの解体が始まったというのはまんざらでもないんじゃないかなと思います。

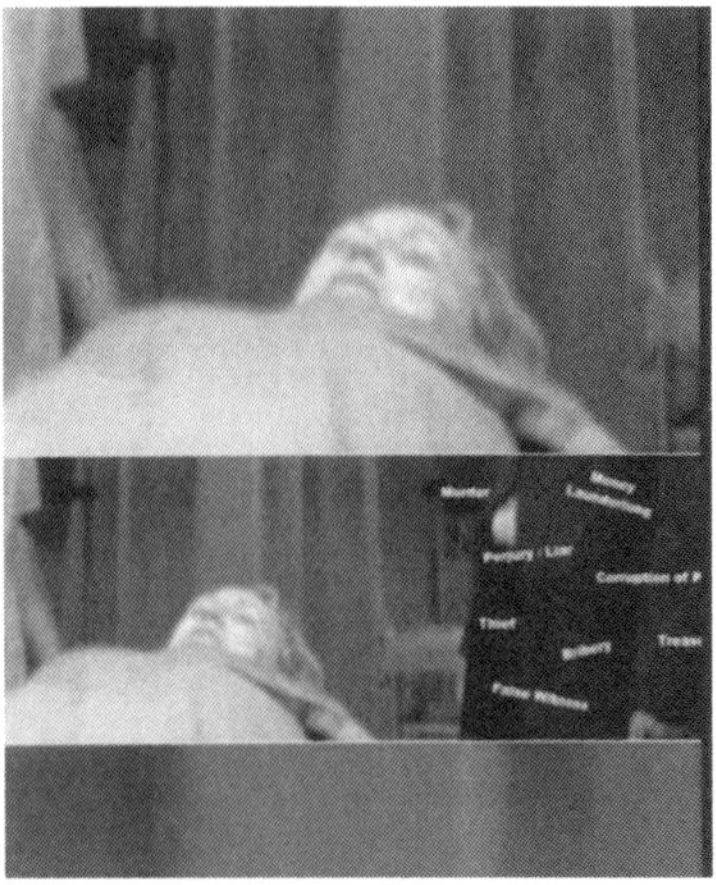
[figure24]

[figure 24]
これが極めつけです。ヒラリー・クリントンの処刑後の氷漬けの写真です。
キューバにグァンタナモ米軍基地という、1万人まで犯罪者を収容できる規模の施設があります。TR3Bも第七艦隊も守っているので、どこもグァンタナモ米軍基地を落とすことはできない。ヒラリー・クリントンは大統領になったら核戦争をやろうとした張本人なので、真っ先にホワイトハットの手にかかったようです。重要な人物なので、彼女を葬り去ったままにはしておけないので、今は本人に見えるようにしてあるみたいです。

私はビバリーヒルズで見た！　フリーメイソンはこれまでの悪事を働くものたちと良識派とが分裂している!!

私が2008年5月に、画集の発表で10日間ビバリーヒルズにいたときに、私の画集の英訳をしたジョン・ソルトは、お父さん譲りの大きなマンションの経営者で、マリリン・モンローが住んでいた部屋に住んでいました。隣はチャップリンが住んでいた部屋だそうです。2LDK、3LDKといっても一つの部屋が大きい。

ビバリーヒルズはすごいです。私は10日間いていろいろ学びました。朝8時ごろ、モーニングを食べに行くと、サングラスをかけた18歳ぐらいの女の子が、赤のフェラーリのオープンカーで学校に行く。「すごいね」と言うと「いつもの光景ですよ」。屋敷は奥が見えないぐらい広い。

そのときにいろいろなパーティーに出て、善良派のフリーメイソンと、今までどおり悪事を働いて世界を牛耳っていこうというフリーメイソン、真っ二つの状況を私は見ているのです。

私のスピリチュアルなアートをハーバードで発表したジョン・ソルトは、ビバリーヒルズで家族会をまとめている人です。彼がメイソンでないはずがないでしょう。それがことごとく、「あいつは悪いんだ。ろくなことしかやらないであそこまで上り詰めた」と批判しているわけです。だから家族会会長主催のホームパーティーには、悪いやつらは誰も来なかった。

十数年前に、ビバリーヒルズは真っ二つに分かれていた。良識派の連中がつくったのがホワイトハットだと私は思うのです。

ホワイトの意味は、アメリカ先住民のホピ族の予言にある、「終末に白い兄の王が天から降りてくる」。日の出づる国から来ると。それからインカは、「この世が滅ぶときに、天から白い王が降りてくる」。みんな白なんです。

それと同時に、瀬織津姫は白龍です。滝が龍だというのはご存じですか。1本で100メートル近くボーンと落ちている滝は、華厳の滝だけです。夜の写真は白の龍です。日光が八咫烏の本籍だといっている意味は、瀬織津姫なんです。

宮沢賢治の遺言メッセージ「理想郷、イーハトーブを岩手につくる」これこそがアテルイとモレへの祀りです！

東武日光線は日光が終点です。これが宮沢賢治のイーハトーブにつながる。そして、統治王と祭祀王が銀河を旅する物語が『銀河鉄道の夜』です。これは誰も言わないけれど、私は夢に見るのです。

カムパネルラは不思議です。川で溺れている人を助けに飛び込んで、その人は助かったけれど、自分は溺れて死んでしまう。これが銀河の意味です。織姫がいつまでも会えないという悲しさを表現しているのです。そしてジョバンニは牛乳配達員です。これは牛飼いの彦星です。牛乳は牛の乳です。

ジョバンニがある満月の夜にふと草原を見たら、スーッと天から鉄道がおりてきた。それにカムパネルラが振り向かずに乗ってしまう。２人は無二の親友だから、ジョバンニは慌てて自分も乗り込んで、一緒に銀河を旅して、シリウスとかを回るのです。

カムパネルラは声をかけても返事をしない。そのうちスッと席を立って、パタンパタンと扉を閉めて、どんどん銀河鉄道の後ろに行ってしまう。「どこに行くんだ。待ってよ」

と言って追いかけていって、最後の扉を開いたら、そこは銀河でカムパネルラはいない。「わあ、どうしよう」と思ったときにふと気がついたら、ジョバンニは満月の草原に横たわっていた。

これは七夕伝説です。宮沢賢治が遺言で言い残したのは「理想郷、イーハトーブを岩手県につくる」。これがアテルイとモレです。

イーハトーブ、得意の十八番ですよ。イーハセーブが清水寺、アテルイとモレを祀っている。そこから弥勒菩薩を見ているのです。

アテルイとモレがどうなのか、石井社長に何度も聞かれましたが、坂上田村麻呂が岩手県に住んでいる蝦夷、出雲族の祭祀王、統治王をとっつかまえて殺害したわけです。出雲が母体なんです。その悲しみが根強く岩手県に残っている。だから宮沢賢治は「アテルイの首塚」という長編詩を書いています。

宮沢賢治はイーハトーブの意味を、死ぬまで説明しませんでしたが、私はわかるのです。明け方ふと「ああ、そうかな」というのが降りてくる。

天からのエネルギーの通過点になる

生きるか死ぬかの生活をやっていかなければ、命の原点は探れないということで、30年ぐらい前、朝5時起きでうちのガス会社のボンベを配送して、夕方までやって、そこから飯を食って風呂に入ったら、7時半から9時、9時半から11時、うちのテニスコートで初心者向けにボール出ししてレッスンをやって、11時から絵を描く。そしてまた朝5時に起きてというのを半年やったら、幾らうまいものを食べても消化しなくなった。どんどん痩せていって、山の上にボンベを配送しているときに2度意識を失って倒れ、3度目に倒れてパッと気がついたら真っ赤な夕焼けだった。

それで私は30代で、あの世はすぐそこなんだと悟ったのです。だったらそこから会いたい人の魂を呼び戻すアート、これが究極のアートだと。やっと私は、自分から出発のアートから解放された。天からのエネルギーの通過点になる。そうしたら無尽蔵のエネルギーがあるから苦しくない。

西洋人、統治王というのは、あくまでもエネルギーが自分から出発ということしかできない民族なんです。日本人だけが、神のエネルギーが通過することを知っている民族です。

私が言いたいことが何となくわかってきたでしょうか。

日本人がどれほどすごくて、選ばれた民なのかを、日本人が学ぶことなんです。人類が

5回滅んで、6回目は滅びないように、シリウスが肉体も精神もちゃんとつくり上げた特殊な民族であるにもかかわらず、言葉から何からいじられて、目が覚めないようにされている。「これでいいのだ」なんて赤塚不二夫の言葉どころではないんです。

日本人がメシアだということをあの手この手で発信している日本のクリエーターたちはすごい！

『天才バカボン』、私は大好きです。赤塚不二夫は天才だと思いませんか。

七輪でサンマなんか焼いていると、野良猫が来てくわえていっちゃう。パパが「こらーっ、待てー」と追いかける。資材置き場まで逃げ込んだら、ブルドーザーを出してきて破壊しながら追いかける。ネコが町中逃げるから、そのまま町中破壊しちゃう。目ん玉つながりのお巡りさんがバンバン鉄砲を撃って、「こらっ、何やってるんだ」と言う。「パパ、どうするの」と言われて、「これでいいのだ」と。究極の愛です。

彼は日本の焼け野原で育っている。「これでいいのだ」というのは、それよりは何をやってもいいだろうということです。私はそれを悟りました。

赤塚不二夫は『火垂るの墓』の野坂昭如と無二の親友です。『火垂るの墓』は戦後の焼け野原で兄妹の2人が飢え死にする。

昔、「11PM（イレブン・ピーエム）」という番組で、赤塚不二夫と野坂昭如が将校の軍服を着てサーベルを持って立っている。そこに桜吹雪がファーッと流れて軍歌が流れる。2人ともにこりともしない。赤塚不二夫が言っているバカボンのパパの「これでいいのだ」は、なるほどこういうことがベースにあるんだなと。当時のクリエーターはすごいです。


この前、夢を見ました。日本には救済のヒーローがいっぱいいる。海からゴジラが来るじゃないか。お台場のガンダムが動き出すじゃないか。鉄腕アトムがいるし、ウルトラマンも、鉄人28号も、七色仮面も、エイトマンも、月よりの使者の月光仮面もいる。日本の戦後を元気づけて、日本人に早く生き返ってほしいというヒーローがいっぱいいます。

あと、黒潮に乗って「ひょっこりひょうたん島」が来るじゃないですか。小学校のとき、「ひょっこりひょうたん島」が見たくて落ちつかなくて、毎日走って家に帰ったものです。

ドン・ガバチョという大統領が出てきますが、本名を誰も知らない。「摂政関白太政大臣、藤原のドン・ガバチョ・ゴム長（信長の意味）でござりまする。」というのが本名です。日本人はそれほどすごいんだよということです。

そして漂流してアメリカに着いたところで無二の親友ができた。そのアメリカ人がセンターバック・スコアボード・ランニングホーマー氏です。おまえらしょせん野球バカじゃないか。何の歴史もないじゃないかと。

センターバック・スコアボード・ランニングホーマー氏の叔母はドビン・ポット侯爵夫人です。大人になってからいろいろ調べました。土瓶ポット、最悪だね。日本には三種の神器のマナの壺がある。日本の歴史の深さを表して勇気づけているのが「ひょっこりひょうたん島」です。

ドン・ガバチョ大統領の笑い方に秘密がある。「ハーッハッハッハ　ハタハッハッ」、秦氏、弓月の民なんです。

この講演会、だんだんグレードが下がってきちゃった。皆さん、申しわけありません。(笑)でも、記憶に残るでしょう。私は勉強をやらないで雑学ばかりやっていますが、目のつけどころはいいと思いませんか。ドン・ガバチョの本名は、今まで100人ぐらいに聞きましたが、誰一人知らない。

日本のクリエーターはすばらしい。瀬織津姫復活のために一生懸命つくってくれています。「君の名は。」なんて、外国人にはわからない。表に出さないように、日本人がメシアだということをあの手この手で封印しているわけです。

日本人がそういう民族だとわかると、日本人が滅ぼされてしまう。アーリア人はとんでもないやつらですから、今のうちに、我々が世界統一する前にと滅ぼされる。

ジョン・ソルトは日本語がペラペラだから、ビバリーヒルズで最後の晩に、「日本人の秘密を知っている？」と聞いたら、「心地よく聞けないからその話はよしてくれ」と言われた。ということは、彼は知っている。だから私の画集をハーバードで2泊3日で発表してくれたのです。ありがたい。私はその後、川崎市岡本太郎美術館の展覧会のあとコテンパンな人生になってしまったから、まだ何のお礼もできていません。

イギリスのメイソンとフランスのメイソンのせめぎ合いの国、それがアメリカの秘密です！

アメリカの秘密を最後に話して終わりにします。

アメリカという国は、フランスのメイソンとイギリスのメイソンのせめぎ合いの国です。

まずイギリスのメイソンがアメリカを乗っ取って、英語を使うようにした。イギリスのお茶といえば紅茶です。紅茶を飲ませて、イギリスから輸出する紅茶に高額の茶税をかけた。

それにフランスのメイソンが目をつけて、「お茶にあんなに関税をかけるなんておかしいじゃないか。独立したほうがいい」「そうしたら飲むものがなくなってしまう」「じゃ、アメリカはコーヒーの国にすればいいじゃないか」というのが、独立戦争の引き金です。

フランスのメイソンがそそのかして、いっぱいカネを出して、アメリカ独立戦争が成功した。それでフランスのメイソンがシンメトリーの都市としてニューヨークをつくった。ニューヨークはベルサイユ宮殿と同じで左右対称です。イギリスの庭園は日本みたいにランダムです。

イギリスのメイソンはボストンに追いやられて、何ともおもしろくない。それでニューヨークに負けない大富豪の町をつくろうということで、反対側につくったのがビバリーヒルズです。ボストンにはハーバード大学があるから、ビバリーヒルズではハーバードを出ないと役職に就けません。

この歴史はその前にさかのぼって、ユダヤ人ではない人がユダヤ教に改宗したらユダヤ人になれるというインチキな掟をつくって、アシュケナージということで、イタリアとかスイスとかドイツあたりで、白人なのにユダヤ人になれたわけです。

日本で仏教徒に改宗したら日本人になれるなんて法律はないです。アシュケナージに対してフランスとスペインのユダヤ人が、ユダヤの血を継いでない人間がユダヤ人というのはおかしいと抵抗した。これをスファラディーといいます。だからユダヤの生粋の血を引くフランスに、イエスの妻のマグダラのマリアが逃げのび、フランスにルルドの泉をつくったのです。

例えば、伊勢神宮の内宮の主祭神は天照大神ですが、天照は「生御霊」と「荒御霊」に分類され荒御霊はセオリツヒメとされています。つまり天照＝セオリツヒメを同一視されています。

さらにその前の歴史があるわけです。紀元前２５００年にアーリア人が攻め入って、ゲルマン民族としてどんどん行ったわけですが、フランスとスペインはあくまでも戦って屈しなかった。だからフランスとスペインに精神的な芸術が花開いたのです。

スペインはあれだけされて憎らしくてしようがないから、牛を殺す行事をやろうというのが闘牛です。牛の民族アーリア人を殺すところに熱狂するわけです。年に1回、バルセロナに牛を放して大騒ぎでみんなで逃げる、牛追いという行事もあります。時々角に刺されて死人が出てもやめない。それほど歴史上アーリア人に対する憎しみが色濃くあるわけです。

フランスとスペインのメイソンと、イギリスのメイソンとは毛色が違う。

以上で終わりにします。

一日目のまとめ

どこからどうつながっているのかわかりませんけど、いずれにせよ、日本人が目を覚まさなければいけない。そのキーパーソンは女性です。皆さんドキンちゃんになって、わがまま放題にやって、それでもついてくる男を大事にしてください。私は何でも言うことを聞きますので、どうか仲間に入れてください。

男は、女性のすごさがわからない。特に白人は気がつかない。日本人は千何百年前に『源氏物語』を女性が書いていますが、外国では100年ぐらい前まで、女性には文字を教えなかったのです。レディ・ファーストというのは真っ赤なウソで、幌馬車から降りたときに、敵が待ち構えていて最初に降りた人間が殺されるかもしれないから、まず女を降ろす。大丈夫なようだと、後から男が降りる。これがレディ・ファーストの本質です。日本人はいかに女性を大事にしてきたか。

ドキンちゃんとバイキンマンの話をしても、みんなパッとしないけど、実にすごいと私は思うんです。男の本質と女の本質を見抜いている。

女性のほうが精神力が強くて、耐久性があって、バランスがとれていると、科学と医学で証明できるのです。右脳と左脳をつなぐバイパスが1・5～2倍、女性のほうが太い。だからどんな記憶データベースでも瞬時に処理できるわけです。男は偉そうにやせ我慢して、「武士は食わねど高楊枝」なんて言っている場合じゃない。嫁さんに「バカじゃないの。早く食べ物を探してきなさいよ」と言われて終わりです。

祭祀王は女性でなくてはダメなんです。瀬織津姫です。私は白旗を上げているから、意地を張らずに本当のことを言います。それがアートに生きる。

明日は、今度はさらに掘り下げて、日本がどのような歴史を持っていて、これからどうしたらいいかという核心に迫りたいと思いますので、興味ある人がいたらお誘いください。私の話はなかなかメジャーになりにくいのですが、私は自分勝手に極めて大事だと自己満足で思っています。大事な話だと思いませんか。日本人の女性が目覚めないと終わってしまう。6回目の人類が滅ぶのです。

ご清聴、どうもありがとうございました。（拍手）

第3章

オリオン、リゲル、アーリア、DSは日本人が選ばれた民であるという証拠を全部消したい！

まだ誰も聞いたことのない世界
究極のメシア日本人は覚醒できるのか?!
（目覚めよアテルイとモレ！）

篠崎 崇氏セミナー　２日目

2023年９月14日（木）
ヒカルランドパーク

セミナー前の参加者との雑談

篠﨑　……6回目は滅びないためにどうしようかということで、精神的に極めて神に近い存在をつくり上げたのが「イヒン」といって日本人なのです。日本人には6回目の人類が滅びないための責任とミッションがあるわけです。みんなそれに全然気がついていない。

参加者　私はオリオン座を見ると、すごく寂しい感じがするのです。

篠﨑　オリオン座の右下のリゲルは、銀河系の犯罪者の島流しの星です。

参加者　だから寂しいのでしょうね。何となく感じちゃう。

篠﨑　すごいね。私が3年前に出した『カバラ日本製』に全部書いてあります。

イタリアには「オリオン・ホテル」とか「レストラン・オリオン」とか、オリオンの痕跡がたくさんあります。オリオンの色は赤ですから、フェラーリが赤で、イタリアのメイソンとイギリスのメイソンが仲よくなって、ロンドンバスが赤いんです。

日本の赤は違います。太陽のアマテラスの赤です。赤というと、東大の赤門、赤羽、大宮の氷川神社。氷川神社は徐福がスサノオを祀った。スサノオは徐福ですからね。

参加者　太陽とか月は、意外と笑えるんです。

篠崎　スサノオが右の目を洗ったら太陽が出て、左の目で月が出たと。
『古事記』と『日本書紀』は、日本人の目が覚めないように改造された歴史です。古代歴史というと、学者はみんな『日本書紀』と『古事記』だけにこだわっていますが、全く的外れだと思います。
「上記《うえつふみ》」には、神武天皇前にウガヤフキアエズ王朝という、74代の天皇の王朝があったという記述がいっぱい残っているのに、それを封印している。
オリオンは寂しく見えますか。
参加者　悲しいんです。なぜ悲しいのかわからない。友達はみんなオリオンが好きだと言います。
篠崎　冬の星座の王様ですよね。
質問者　でも見ていると、ちょっと悲しいんです。だから見ない。
篠崎　ここ5年くらいで日本人の目が覚めないとどうなるのかな。世界は危ない状況になりますね。
トランプが大統領にならなかったら、今、世界は核戦争の真っただ中です。ヒラリー・クリントンがオバマと一緒にシナリオをつくりましたから。
お住まいはどちらですか。

参加者　青森です。

篠﨑　青森に『東日流《つがる》外三郡誌《そとさんぐんし》』という書物があります。日本の中心だったと書いてある。アテルイとモレはその流れがあるのです。５００年前の日本を書いた書物で、偽書とされていますが、学者連中はそんなことはないと言っていて、今真っ二つの状況です。日本の国体にかかわる遺跡とかをうまく守っていかないと、これから全部破壊されます。日本人が選ばれた民だという証拠を、彼らは消したいわけです。

オリオンが寂しい星だと言われましたが、右下のリゲルは、直径が太陽の30倍ぐらいあって大きい。牡牛座で悪事を働いたのがリゲルに島流しになっていて、紀元前２５００年に、地球を乗っ取るためにここからアーリア人としてインドの北西部に降りてきたわけです。アーリア人が来なければ、世界の紛争は9割なかった。

彼らが何を企んでいるかというと、生命がたくさん生まれるようになった銀河系のちょうど手ごろな星を、次々と乗っ取っているわけです。植民地化して、複数人に１人ぐらいをアーリア人にして、あとはアバターとかロボットにして星を乗っ取るわけです。それがメイソンとかイルミナティとか言われているけれど、ここで何とかしないといけない。6回目に滅びないための民として、せっかく日本人を送り込んだのに、目が覚めないのです。第三の目をちゃんとつけてくれたし、松果体の構造が白人とは全然違います。

手塚治虫は医者なので、第三の目のシステムをよく知っていて、『三つ目がとおる』という漫画をつくったわけです。3つ目の目が開くと、町中を火の海にできるようなパワーがあります。スーパーサイヤ人以上です。

参加者　第三の目というのは額のここですか。

篠﨑　子どもは生まれたとき、頭の上がペコペコしている。そこが第三の目です。

参加者　私は自分のうちにいて寝ようかなと思うと、ここがピョンとあいて居間が見えるんです。映画のスクリーンみたいにはっきり見えます。

篠﨑　すごいな、この人。

参加者　先生、恐山はどうですか。

篠﨑　恐山はイタコというか、死者の霊を呼び戻すということですが、地獄のような光景で植物がありません。青森、岩手は蝦夷、出雲族の中心だった。『東日流外三郡誌』には、恐山の下は金の宝庫だと書かれている。

だけど世界最大の金鉱は日光と尾瀬です。尾瀬は高さが世界最高の湿地帯で、その中に「岩塔《がんとう》ヶ原《がはら》」という戦後GHQが出入り禁止にしたエリアがあります。

尾瀬は江戸時代中期まで1日2000人の鉱夫が金を採掘していたのです。それほどある。磐梯山は1日1000人。だけどどういうわけか、江戸時代中期にパッタリと金の採掘をやめてしまった。金があるということも封印した。

日光の下も金の宝庫です。輪王寺で土木工事をやった作業員が噂を聞きつけて、仕事後や休みの日にこっそりと裏山に潜って金を掘り起こして、何人逮捕されていることか。

参加者　私は天皇家がみんな持っているのかなと思っていました。

篠崎　天皇家といっても、表の天皇はみんなインチキじゃないですか。八咫烏ですよ。

実は去年、一昨年あたりに、バチカンの金も、アメリカの軍部がトラック何百台で全部奪い取ったのです。その映像もあります。

私のところにいろいろなものを持ってくる人がいるんです。新興宗教の幹部の人とかが、「我々の組織には入らなくていいですよ。篠崎さんは世界人類を救うための仕事をしてください」と言って幹部用の資料を持ってきてくれる。

バチカンの金をアメリカの軍部が奪ったわけです。最終的には日本を統治王、祭祀王にしようと思って、ホワイトハットとアメリカの軍部が計画を練っているところです。その金も最後には日本に預けるのではないですか。日本は世界最強の軍隊です。信じられないでしょう。

参加者　何という方だったか、本を出している人が言っていました。オウムのときに先頭で鳩を持っていた人がいましたよね。その方のセミナーで、日本の軍隊は一番だと。

篠崎　核ミサイルでも何でも、日本は既に膨大に持っています。外国に核を撃たれてから開発しようとしても間に合うわけないじゃないですか。

あと、日本の潜水艦がものすごいんです。1000メートル以上潜れて、リチウムイオン電池なので音が全くしない。今、日本のソナーが発達して、1000キロから1500キロ先の原子力潜水艦まで探知できる。日本の潜水艦1艘で、アメリカの潜水艦、空母を全滅させることができるのです。それをアメリカは知っています。中国も日本の潜水艦には歯が立たない。

そしてミサイルがすごいでしょう。三菱の12式改良型があるし、ステルスミサイルまでつくっているし、魚雷もすごい。世界中が日本の潜水艦に勝てない。

だからアメリカが開発を日本とやりましょう、空母や原子力潜水艦のメンテナンスも三菱と川崎のパドックでやってくださいと、去年あたりから言い出している。軍部も全て日本にお任せしますということです。日本にしかつくれないそうです。

統治王は日本に譲るというわけです。祭祀王は、日本が目が覚める時期がいつ来るかです。それがそろえば、日本が世界をリードして、DSを追い出すことができるわけです。

日本人はともに暮らそうということだから、彼らを処刑しようとはしない。ホワイトハットがどんどん処刑しているみたいだけど、ホワイトハット処刑リストが本当かどうか、週に2～3回、いろいろな人がうちに集まって研究していますがわからない。

このミッションはずっと前からです。1万2000年前にノアの洪水があったというのはウソです。1万2000年前のオリオン座の三つ星の位置につくってあるということですけど、スフィンクスは半分から下にノアの洪水の跡があるわけです。そして春分の日を向いているわけです。3万5000年前とか4万年前の縄文土器が日本から発見されているじゃないですか。あと、富士の「宮下文書」の、2万年～3万年前に王朝があったというのが本当かどうか。だからノアの洪水はずっと前ですね。

石井　先生、そろそろお時間なので始めましょう。Zoomの方もいらっしゃるので。

みなさん、こんにちは。篠﨑崇です。昨日に引き続き、日本人はメシアとして覚醒できるかという命題でお話しします。今日が最終日です。かなりディープに突っ込んだ話でも、身の危険を顧みずお話ししていきたいと思います。本当にまずいところは、ヒカルランドさんで削除してくれると思います。そして、昨日と重複する話もいっぱいあります。流れから止めようもないので、ご容赦ください。重複するところは、大事なところです。どうぞ皆さんの脳裏にきざみ込んでください。

昨日、何十回もお話ししたと思いますが、世界の人類は二派に分かれていて、日本以外の国は、全部2つの目玉の理念で生きているわけです。目玉が2つあるのはどういうことかというと、地上を水平に見渡すということです。これで三角形の計算式で立体も見えるし、距離も見えるわけです。地上ばかり見てずっと暮らしていると、隣のうちではピアノを買った。知り合いは高級車を買った。面白くない。何様のつもりだと、格差を見るようになる。

それが統治王という理念です。地上を統治して、最終的に村ができて、町ができて、国家ができる。そうすると争いが生まれるわけです。日本国以外は、ずっと統治王の文化で裏打ちされてきたわけです。そうすると争うわけです。どんどん戦って、最後には武器を開発して、行き着くところは核戦争で滅ぶ。

地球が46億年前にできて、その2億年後、44億年前に月ができた。4444で4×4＝16、十六菊花紋の数字だといいました。

月の直径は太陽の400分の1です。地球から月の距離の400倍のところに太陽がある。だから日蝕ですっぽり重なる。ミステリアスで地球の人類に対して感動を与えるようにちゃんとつくられているわけです。月は1日400キロ公転しています。そうすると1

年中、裏側が見えないわけです。もう一つ、月は地球の直径の4分の1の大きさです。これは伴星としてはちょっと大きすぎるのです。

４４４４を足すと16、十六菊花紋です。16はほかにも封印されていろいろあるので、後でお話しします。

月ができることによって、海の水が引力で引っ張られて、満ち潮と引き潮で攪拌されて生命が生まれやすくなるわけです。だから満月の夜にウミガメが産卵する。

昨日、男性より女性がどれほど優れているかをお話ししましたが、女性の生体理念は月の運行でできています。そして生命が生まれ出して、30億年前にバールバラ大陸が生まれた。地球と月の関係で、地球に生命ができやすい環境に徐々に持っていってくれたわけです。そして3億年前にやっとパンゲア大陸ができたわけです。ヒカルランドから『オアスペ全訳』という本が出ています。

3億年前にやっと大陸ができて、人類が誕生したのですが、3億年の間に5回も滅亡している。今の地球でも、イギリスで産業革命が起きたのは２５０年くらい前です。やかんが沸騰して蓋がポンと飛んで、ジェームズ・ワットがワッと驚いて蒸気機関が生まれて、たった２５０年でこの進歩です。

飛行機ができて、新幹線ができて、今、地球が何十回も滅ぶほどの核ミサイルがあるわけです。危うく平行線を保っているようですが、どこかで引っかかると核戦争になるでしょう。今までの5回のように、6回目の滅亡の危機が今訪れているのです。

6回目の人類滅亡を防ぐために、シリウス系が命令して、イヒンという精神的にものすごく優れた民族をつくって送り込んだ。その送り込まれた救済のメシアの民族が日本人です。

では、日本人はどこが外国人と違うのか。外国の人は2つの目だけで地上を見て、統治王で争って、ジェラシーも生まれるし、覇権争いしかしない。日本人は2つの目にプラスして第三の目があるわけです。これがレビ族の祭祀王です。日本には神社が十万カ所ぐらいありますが、第三の目が開くと神との交信ができる民族です。手塚治虫の『三つ目がとおる』がそれなんです。

それと同時に、祭祀王と統治王の、祭祀王のほうに権限を与えていたわけです。地上で、目に見えることをやっているのが統治王です。王様とか皇帝、女王は、みんな統治王です。日本は、内閣総理大臣にプラス天皇がいる。天皇は24回ほど権利を奪い取られたのですが、それは表の天皇です。裏の天皇、八咫烏がいるわけです。八咫烏が牛耳っている。これが祭祀王です。祭祀王は地上から神のエネルギーを更新しているので、地上の人よりはるかに能力が上です。その人に権限を与えた文化をつくってきたので、日本は争わなかったわけです。

縄文時代が何万年も続いても、武器が発見されていません。争わなかった。弥生時代に入って、武器が少しずつ入ってくるようになったときに、祭祀王も男がやるようになって、争いばかり起きてどうしようもないので卑弥呼を復活させた。それでまた平静に戻ったわけです。

本当は男が祭祀王をやってもいいんです。女性でなくてはダメだという理由は全くありません。しかし、女性（女神）がいいんですね。

どういうことか、構造的に証拠を説明します。男と女は脳の構造がまず違う。脳みそは女性のほうが1割ぐらい小さいのですが、能力が低いかというと、その先があるわけです。右脳と左脳をつないでいるバイパスの神経回路が男より1・5倍太い。ということは、直感の右脳で計算力、情報データが瞬時に判断できる。ショートしないわけです。

だから、昔の話ですが、嫁さんとけんかすると、「あなたは10年前、ああいうことを言ったわよね。あのときの悔しさはいつまでも忘れない」とか、女性を敵に回すと厄介なのです。

25年くらい前に、生物学で早稲田が非常に進んでいまして、私が手紙を書いたら、有名な先生が会ってくれました。

私の見ている前で、金網のカゴに雄と雌のマウスを入れて、割りばしの先に針をつけてツンツンと突くわけです。そうすると、600回ちょっとで雄がパタッと倒れる。雌はその倍、1200回以上になってから倒れる。

その後、皮を剝いで解剖すると、全身に無数の赤の点々があるけれど、内臓まで行っている点々は一つもない。痛い痛いというストレスで死ぬわけです。雌は雄の2倍以上の精神的な耐久力があるのです。これが2つ目の女性が優れている部分です。

そういうことを含めると、例えば、男が「武士は食わねど高楊枝」なんて偉そうなことを言っても、女性には通用しません。「何言っているの。早く食べ物を取ってきなさい」で終わりです。

女性は求心力で、男性は遠心力です。求心力の中心で宇宙とつながる能力が女性にはある。だから女性を祭祀王にすると、バランスがとれるわけです。

表の天皇を京都に移し、大奥を復活させるのはなぜか⁉

５〜６年前から、表の天皇を京都に帰す準備が進んでいます。24回も入れかわっているし、どうでもいい。陰謀論からいえば、今の天皇（今上天皇）が、メイソンの形で写真に写っているというので、やつらの仲間じゃないか、天皇は乗っ取られているのではないかという噂も立っています。それはいい。裏の天皇が八咫烏です。半年前に文化庁も京都に返したのです。

今の天皇が京都に帰ったら、江戸城を建てるわけです。数十年前から、その予算が何百億も国と東京都でとってあります。そのときに大奥制度も復活させるといわれています。

大奥とは何かというと、美人で頭の良い人を引き抜いて大奥に入れているエリート集団です。江戸城の中の６割のスペースを大奥が占めています。３割が中奥で、将軍と男性連中です。１割が表といって、応接間のような感じです。

大奥は何をやっているかというと、祭祀王として国を統治して、争わないようにしています。日本全国の情報を集めて、どこに不満な人たちがいるのか、何が不満なのかまとめている。要するに、耐久力が倍あるから、いざというときは、夜寝ないでやっても女性は参らないのです。女性事務員にパソコンをやらせたら、メゲないし、耐久力が2倍ある。

それを復活させようということで、今準備が進んでいます。なぜかというと、今、第三次世界大戦の真っただ中だからです。だからここで祭祀王の瀬織津姫の復活が待たれるわけです。

統治王がニギハヤヒ、祭祀王が瀬織津姫ということでシリウスが送り込んだ。だから『日本書紀』と『古事記』では、ニギハヤヒと瀬織津姫が封印されたわけです。一切出てきません。

なぜかというと、もともとイスラエルに12支族がいたのが、紀元前にけんかして、南北に10支族と2支族に分かれてしまった。紀元前2500年に、12支族のところにアーリア人がオリオン座のリゲルから攻めてきた。手ごろなところで発達しているから乗っ取ろうということです。アーリア人が来なければ、世界の紛争は9割以上なかったと、参政党の武田邦彦先生も言っています。以前、私も参政党にかかわったことがあります。

今、世界がどうなるかという瀬戸際です。そうしたときに、女性がどれほど優れているか。やなせたかしはそういうことに詳しくて、ドキンちゃんとバイキンマンで究極の男と女を描いています。ドキンちゃんはわがまま放題ですごいでしょう。それをバイキンマンが一生懸命フォローする。

（世界の滅亡が）目前の今、どうしたらいいか。日本人が目が覚める必要がある。肉体的にも特別な肉体を用意してくれたわけです。どういうことかというと、いろいろなものを食べたときに、日本人は外国人よりも3割以上、カルシウムを吸収する能力がある。一旦体に入ったカルシウムは生理作用でどんどん抜けていくわけですが、日本人は3割出にくい体なんです。日本人は骨粗鬆症になりにくいわけです。

カルシウムがふんだんにあるような仕組みができているということはどういうことか。カルシウムが不足すると精神疾患、ノイローゼになるし、自殺願望を持つ人が増えるのです。それほど肉体的にもすごいということです。

また、日本という国は世界一、水が豊かです。どこでも5メートルぐらい掘れば軟水、飲める水が出る。こういう国は世界にないです。最高のいい水が出る国にして、あらゆる食べ物がつくれるのが日本です。

6回目の滅亡を阻止するため、理想郷の「ひな型」として日本をつくり、選ばれたイヒンを日本に送り込んだ！

3億年前、パンゲア大陸があったとき、5回滅んでしまった。今度こそ滅ばない理想郷をつくろうということで、地殻変動を起こして日本をつくったのです。まず北海道の形に北アメリカをつくって、本州の形にユーラシア大陸をつくった。九州の形にアフリカと南米をつくって、四国の形にオーストラリアをつくった。そして、富士山がエベレストの位置になる。九州の阿蘇山がアフリカのキリマンジャロの位置で、琵琶湖がカスピ海の位置です。十和田湖がバイカル湖になるのです。世界でバイカル湖と十和田湖が一番透明度が高いわけです。

みんなリンクしています。日本をひな型として世界をつくって、イヒンという選ばれた民を日本に送り込んだわけです。日本は本当は砂漠になる場所だった。偏西風が地球の自転で回ってくると、サハラ砂漠、ゴビ砂漠、タクラマカン砂漠、そして日本と砂漠になる予定だったのが、選ばれた国をつくっているわけですから、砂漠にしてはまずい。それでインドをアフリカの横から切り離して、ぶつけて地核を盛り上げてヒマラヤをつくってくれた。そして、ヒマラヤの大自然を守るために、チベットの民族を置いてくれているわけです。

偏西風が向こうから来て、ヒマラヤにぶつかってインド洋に迂回して、亜熱帯の水蒸気をいっぱい吸い上げてぐるっと回ってきて、日本の山脈に1200メートルぐらいでぶつかって雨が降る。世界の平均降水量が年間600ミリであることに対して日本は1200ミリ降るのです。土地、人間、男女観、理想郷をつくってくれているわけです。6回目の人類滅亡を防ぐために用意してくれたものを、我々はミッションとして自覚する時期が来たわけです。それにみんな気がつかない。

今日は前半が終わりましたら、土方巽の弟子である宇賀神さんが舞踏を踊ってくれますので、よろしくお願いします。

世界最古の文字ペトログリフは、メシアの民族日本を伝えるために残されてきた！

彼らが地球を乗っ取るためには、日本人がメシアだという証拠を、闇に隠してわからなくしておく必要があるわけです。最後のメシアの民族が日本だという証拠をことごとく破壊して、日本が目覚めないようにして、さらに最後には日本人を抹殺する可能性もあるわけです。

それで世界最古の文字としてペトログリフという岩文字をつくった。40種類あって、600くらいの日本全国の洞窟にあるわけです。

神社があると、その裏山とか、2つぐらい向こうの山の奥のほうに本尊がある。道もないから誰も行かない。GHQが来ても、そんなところに本尊があるなんて気がつかないようにしてある。そこに洞窟があって、ペトログリフが刻んであるのです。

40種類もある理由は、1種類、2種類だと、すぐに読み解かれてわかってしまうからです。例えば、出雲文字、阿比留草文字、豊国文字などいろいろあります。わからないようにしておいて、地球の歴史、日本人がどういう民族かという秘密が膨大に書かれているのです。

そのうちの岩絵文字をペトログラフ、文字をペトログリフといいますが、総称してペトログリフです。今、TOLAND VLOG、コヤッーキーととーや、小名木善行さん、馬渕睦夫さんなど、さまざまな方が情報とデータを分析して一生懸命やっていますが、それだけでは追いつかない。最終的には直感、ひらめきの仕事をしている人の重要なミッションになるわけです。

核戦争をやると決めている者たちの世界で、「日本人が何をやるか」そこにかかっているわけです！

私は7歳のときからアートをやっているので、勉強はやらなかったけれども、「何となくそう思う」ということは次々と天から降りてくるわけです。

ブラヴァツキーという女史が神智学を開いて、エドガー・ケイシーやルドルフ・シュタイナーがアカシックレコード（宇宙のデータベース）を提唱しています。シュタイナーはアカシックレコードで何を呼び戻したかを言っていません。あれは予測する予言書で、使い物になりません。

今、世界で言われているデータベースは、予測する予言です。本当の預言書というのは預かる預言書です。これは神の御心を預かるもので、歴史上幾つもあります。預言書とは何かというと、地球が滅びないために、いつ、どうやって、こうやってという神の計画書らしいです。神というのはシリウスだと思います。

紀元前から預言書は幾つかあるのですが、１７００年後半に「をのこ草子」というのがありました。江戸中期、徳川吉宗のころなんですが、ここには今現在が克明に書かれています。作者は不詳です。将来は、地下を潜る人と、地上を行く人と、空を行く人の世界になるとか、情報がどんどん進んでそればかりに気持ちがとられて、人との会話、接触が希薄になっていくとか、いろいろ恐ろしい預言が書いてあるわけです。

1850年に、ミタール・タラビッチが「クレモナ預言」というのをロシアで出しています。これも同じようなことが書いてある。

1880年には「オアスペ」が出ています。これを見たFBIが「マズい」と封印していたのが、どういうわけかリークされて数年前から表に出てきた。

あとは紀元前の「死海文書」です。ここには色形は違うけれども、世界が滅びそうになったときには、東の海を隔てた日の出づる国の民が、海を渡って救済の民族として訪れるだろうと書いてある。

それが日本人なんです。それが今なんです。6回目も滅びる寸前まで来ているわけです。地球が何十回も滅ぶほどの核がありますから、どうなるかわかりません。その時期が今来たのです。

そこで日本人がメシアとして目覚めないと、日本が終わるだけではなくて、世界が終わるのです。シリウスはがっかりすると思います。昨日写真を見せましたが、DSの連中は生き延びるために、世界核戦争になったときのための核シェルターを数百キロ、数千キロ、アメリカと中国に用意しています。飛行機から、一つの都市が入るぐらいの広さにまででき上がっています。連中は本当にやる気です。

そこでどうしたらいいかというのが今日の前半の話になります。

鬼界カルデラ大噴火で九州・四国の人たちが世界に散らばって、文明を切り開いたのです！　これが十六菊花紋の基です！

地球に日本人が救済の民族として訪れました。10も20ものいろいろな星から、いろいろな民族が来たのですが、日本には逆らわない。選ばれた民だから、ハイハイ、わかりましたということです。今のポーランドからイギリスのアイルランドあたりまでのヨーロッパ全土は、ケルト民族が指導して農耕をやらせて、生活も指導してケルトが支配していた。こちらは日本人がやっていたわけです。それがどういうわけかシュメール文明もやっていた。

[figure 25]

日本民族が統治して、世界が安定して争わないように女神信仰でやっていたのですが、

[figure25]

7300年前、紀元前5300年に、日本のエネルギーがあまり強すぎるから、九州の横で鬼界カルデラ大噴火という、1万年に一度あるかないかの大噴火が起きて、九州全土、四国や伊勢神宮周辺あたりまでが火山灰で埋まってしまった。火砕流がおりてきたのではなくて、火山灰が徐々に積もってくるから、食物がとれなくなって暮らせないということで、そのへんに住んでいた王族の人たちが世界中に散らばったのです。15人の王子と1人の王女が散らばったといわれています。これが十六菊花紋です。天の浮舟に乗って世界に文明を広めた。

それで紀元前4800年前、中東にシュメール文明が生まれた。鬼界カルデラ大噴火で九州や四国の人たちが世界に散らばって、文明を切り開いたわけです。シュメール文明のイシュタールの門のまわりには、十六菊花紋が克明に金で彫ってあった。

それをドイツがバラバラにして、ドイツ博物館に持っていってしまった。なぜか。菊花16紋が世界に文明を広めたから、インドとか、インカ、アステカにもあるわけです。彼らは、日本人が文明を広めたことを封印したかった。なぜなのか。

紀元前２５００年にアーリア人が来て、地球を乗っ取ろうとした。これがゲルマン民族ということです。ドイツが中心です。イギリスのフリーメイソンのロスチャイルドは、ドイツのフランクフルト出身です。さらにロックフェラーもドイツ出身です。ドイツの中で、フリーメイソン、イルミナティの原型がアーリア人によってできたわけです。

その証拠として、第二次世界大戦で、「アーリア人こそが選ばれた民である」と、ヒトラーが言っているわけです。彼はユダヤ人なのに、何でアーリア人（ゲルマン民族）を支持するのか。自然崇拝で穏やかなケルトは、ゲルマン民族大移動で次々と駆逐されてしまったのです。

ケルトは追いやられて、ストーンヘンジとか、バイキングとか、向こうで生き残っているわけです。そして今、アーリア人は本格的に世界を乗っ取ろうと計画中です。

[figure 26]

ジッグラト、シュメールの宮殿跡です。石の間に剃刀の刃一枚入らない精度です。ギザの三大ピラミッドも、剃刀の刃一枚入りません。インカの石畳の回廊は、地震でも絶対動かないように複雑に刻んであり、どこをとっても剃刀の刃一枚入らない。

[figure26]

[figure27]

[figure28]

選ばれた能力のイヒンの日本人が、世界に文明を残した痕跡があるわけです。

[figure 27]

シュメールにあったイシュタールの門です。イシュタールは女神です。紀元前2500年までは穏やかに暮らしていたのです。

[figure 28]

これをドイツが持っていった。周りには十六菊花紋が配されているので、日本人がつくったということです。

アーリア人の襲来・殺戮で
ユーラシアの民がこぞって日本に避難してきた！

［figure 29］

シュメールには『ギルガメッシュ叙事詩』という古代文献があります。全部はそろってないのですが、ひもとくと「ある日突然、天から牛がおりてきた」とある。天牛ですね。牡牛座の犯罪集団がリゲルに行って、それが来たから牛の集団なんです。

［figure29］

天牛が降りてきて、地上を制圧していった。そして、シュメールの横にあった広大なる森のレバノン杉の守り神、フンババを殺害したと『ギルガメッシュ叙事詩』に書いてあります。これはフンババの顔の一つですが、幾つもいろいろな形がある。フンババが殺されてしまった。

アーリア人は自然や大自然崇拝なんて関係ない。モノとカネが全て、統治王だけの理念です。それでレバノン杉の森を全部なくしてしまった。環境を変えても平気です。

[figure 30]

三種の神器があったのですが、非常に乱暴な民族が襲ってきてどうにもならないので、10支族がシュメール王朝をやめて封印してしまった。そして戻ってきたのが弓月君の民です。10支族が三種の神器が入ったアークを持って、途中で弓月君の王国をつくって、しばらく滞在したあと日本に戻ってきた。

[figure30]

秦の始皇帝も、向こうから来る連中は荒っぽくてダメだ、やっていられないということで、徐福に全財産を渡した。秦の始皇帝は、東に蓬莱山があって、その横に不老不死の水が流れる養老の滝があるから、それを持ってきて飲めば永遠の命だとは考えていない。地上から見えないように地下に兵馬俑なんて遺跡をつくって、俺はもうあの世に行くんだと徐福に全財産を渡して、故里日本の繁栄を願った。

文明を開いた王族は全部YAPマイナスの日本人なのに、今その痕跡がない。遺伝子工学が発達しても、世界中で日本人の遺伝子が見つからない。なぜかというと、アーリア人に嫌気がさして、全財産を持って日本に戻ってきたからです。それで日本は膨大なる黄金の国になったわけです。

　それを管理しているのが八咫烏といわれていますが、もっとあるのです。

　12支族は仲がよかったはずなのに、どういうわけか10支族と2支族にけんか別れした。我々はもうやつらとは戦わないということで、10支族がシュメールをたたんでいなくなってしまった。失われた10支族、世界の民族学最大のミステリーといわれているわけです。シュメールの横にあったのがスサという町で、そこのリーダーがスサの王ということです。スサノオがつくったのです。

　スサノオはニギハヤヒの弟です。ニギハヤヒはアマテラスの正体です。アマテラスオオミカミは今、神になっていますが、40種類のペトログリフの中の「ホツマツタヱ」という紀元前からの文字で書かれたものに、「アマテラスには12人の妻がいた」と書いてある。「もう一人、正妻がいた」とも書いてあって、13人の妻がいた。イスラエルの12支族とレビ族で13にちゃんとなっている。正妻は瀬織津姫であるということが「ホツマツタヱ」に書いてある。偽書といわれていますがとんでもない。もう定着しています。

　瀬織津姫とニギハヤヒは、シリウスから送られた統治王と祭祀王の代表格です。やつらは瀬織津姫とニギハヤヒがどうしても邪魔なんです。

2支族（ユダ族とベニヤミン族）は本来は日本人で、統治王と祭祀王で行くべきところが、ローマ軍と戦って、もうやめようと言っても聞かないので、10支族が別れて日本に戻ってきたわけです。2支族は残ってローマ軍と戦いましたが、ローマ軍は世界最強ですからコテンパンにやられた。そしてバビロン地方で40年間、捕囚になった。これがバビロンの捕囚です。

やっと出てきて、聖地エルサレムに戻ってもう一回復興しようと思ったら、またローマ軍が来てコテンパンにやられた。それで急遽、財産を持って海を渡って10支族が行った国に戻ってきたわけです。鬼界カルデラ大噴火がおさまって平穏な九州の鹿児島に来た。これが日向族です。日向族がグルッと回って高千穂に戻って一休みした、天孫降臨の痕跡があるわけです。そして瀬戸内海を回ってずっと来たのが神武東征です。ユダ族とベニヤミン族だと私は考えています。

本来は日本人であったはずなのに、アーリア人の国家と戦いすぎて祭祀王を忘れて、今度は日本を統治しようとしてぶつかって、ナガスネヒコと戦ったわけです。宮崎駿の「もののけ姫」にアシタカという主人公がいます。あれは脚が長いナガスネヒコを表しているわけです。

その代表格の神武天皇は本来日本人であるはずなのに、統治王だけの理念でやろうということで、出雲族とヤマト族の2つの民族の日本にいた両方の血を受けつぐ末子相続の地位にいたかぐや姫を嫁さんにもらおうとしたら、ナガスネヒコが「それはまかりならぬ。おまえたちはもう一回心を入れ直せ」と反対したわけです。それでもあきらめないので、かぐや姫をかくまった。かぐや姫軍団、今で言うところの大奥の軍団をかくまって、神とつながれる能力がある祭祀王だから秋田に逃がしたわけです。かぐや姫伝説の翁はナガスネヒコです。秋田に秋田美人が多いのは、かぐや姫の軍団なんです。美しくて能力が高い人の集団をつくっているわけです。それが大奥制度の正体です。

ガイアの法則は、日本が2012年から復活することを告げている！彼らは何としてもそれを阻止したい!!

大奥はいつ戻るのか。結論を先に言いますと、それは江戸城が復活して、祭祀王が復活するときです。

瀬織津姫、かぐや姫、天の川伝説の織姫は同一人物です。これは役職です。日本は役職を重要視します。遺伝子を引き継いでいく。相撲の行司の式守伊之助第○○代とか、同じ名前をずっと継承する。八咫烏の人たちが日本の復活のタイミングを今、虎視眈々と見計らっているところです。
　地球はゴンドラのように傾いてブレて回っています。これを歳差運動といいますが、銀河をグルッと回ってその時期に来たときに、そのラインのところの民族が、エネルギーをものすごくたくさん受けて地球を制圧できるぐらい能力が高くなり、文明を開くことができる。シュメールからひもといた千賀一生さんの『ガイアの法則』がヒカルランドから出ていますが、シュメールは日本がつくった。その後、前インダス、インダス、メソポタミア、ガンジス、ギリシャ、唐、アングロサクソンと８０５・５年周期で文明が発達してきた。アングロサクソンはイギリスの大航海時代の連中です。

　その計算式でいくと、地球は２０１２年に終わっている。だから２０１２年に地球が滅びると騒ぎになり、いろいろな方が２０１２年問題で、地球が滅びると本を出していた。その10年前から、私は太陽の会という中丸薫さんの秘密結社の組織に入っていました。有名な会で、中丸薫さんは明治天皇の孫娘だと言っています。そこでいろいろな情報をつかんでいたのですが、２０１２年までに中丸薫さんは本を何冊も出しているし、学研の月刊

ガイアの法則
ロスチャイルド、フリーメーソン、アングロサクソン――なぜ彼らによる世界が今、揺らぎはじめているのか？
千賀一生
オリジナルバージョン、超復活！

誌「ムー」も取り上げていた。

学研はおかしいじゃないですか。日教組と同じでしょう。教科書を発行している人間が正義の味方であるはずがない。「ムー」が何年もかけて２０１２年に滅びると特集をやっていた。中矢伸一、船井幸雄、ベンジャミン・フルフォード、私は会っています。そのときにみんな言っていたのに、２０１２年に何もなかったわけです。何もなかった理由を本にして出した人はいますか。みんなしらばっくれている。ということは、２０１２年までに世界が滅びると言った陰謀論者は、みんなＤＳの仲間だともいえる。その後、彼らはそれまでのような大活躍はしていません。

どういうことかというと、２０１２年から日本が世界のエネルギーの中心になっているのです。１３５度線、淡路・明石ラインから出発して、京都を中心にします。表の帝国です。東京都というのは東の京都という意味です。これで表と裏、陰と陽で、日本は今、世界の中心になってきているのです。メシアの民族として目が覚める時期が来た。それを知らないわけです。

メディアは敵です。私は30年ほど前から、将来は物質文明にとってかわって、精神文明を主体とした流れにしないと人類は滅びるというテーマでアート活動をやってきたわけです。最終的にたどり着いたのが、亡くなった人の命をこの世に呼び戻すアートです。バカじゃないのと言われましたが、去年のノーベル物理学賞で、魂は生き通しだということが証明されました。ずっとやってきて、幾らやっても世に出られないわけです。精神文明が表に出られないように、彼らがシャットアウトするのです。

昨日、国際交流基金といいましたが、私は自分が自分のパトロンになれば好き勝手なアートをやれるということで、20代からいろいろ会社をつくってやってきました。2008年に私の画集がハーバードの世界学会で発表になって、それを皮切りに2011年から2012年にかけて、岡本太郎生誕100年記念事業で3カ月間やったわけです。生誕100年記念事業なので、神奈川県が特別予算を2000万、太郎美術館が700万出してくれた。2700万円かけて壮大なる展覧会を3カ月やったのに、NHKの「日曜美術館」は1分たりとも取り上げない。予告編も出さない。新聞も取材しない。雑誌にも出ない。これは終わったかなというところで今まで戦ってきたのですが、勝負する時期が早すぎましたね。コテンパンの人生になってしまった。

秦の始皇帝は全財産を徐福に託した!?
徐福は出雲で「私はスサノオである」と!!

［figure 31］

今から2200年ぐらい前、紀元前200年ぐらいに日本に徐福が来たわけです。ユーラシア大陸はアーリア人が荒っぽいので、秦の始皇帝が日本を復興するようにと徐福に全財産を渡した。アーリア人がゲルマン民族をつくったし、ギリシャに入ったときはドーリア人という名前にした。ドーリア人は9割のギリシャ人を虐殺して、ギリシャ神話をつくった。世界で一番古い神話だとうそぶいて、エジプトの神話をまねして世界で初めてゼウスという男性神をつくったわけです。

弓月君（秦氏）の神社

稲荷神社　32000社
INRI　宇迦之御霊　スサノオの娘

八幡神社　44000社
応神天皇
大山祇《ズミ》神社　1万数千社
大山咋《グイ》　スサノオの孫

- **BC200　徐福は出雲に上陸（スサノオを名乗る）北九州に再来日する（ニギハヤヒを名乗る）**
- **4～5世紀　弓月君（秦氏）が北九州に上陸（4万～10万人）**
- **3～6世紀　百済南部に日本支部を設け百済・高句麗・新羅を統治する。**

［figure31］

男性神は争うから、奪い取る文明に行きます。それまでは女神信仰で、女性は分け与える文明だから争わない。分け与える文明の頂点が祭祀王、瀬織津姫です。ギリシャでドーリア人になって世界中を駆逐して、紀元前から1％に満たない人たちが95％以上の財産を持って、我々を家畜と呼んでいる。ふざけるなということです。彼らは武器も大量に手に入れて、今現在最終章に入っているわけです。

秦の始皇帝もシュメール文明も、これはダメだということで、王朝をたたんで全財産を持って日本に帰ってきた。紀元前200年に最初に徐福が出雲に来たとき、「私はスサノオである」と言っている。出雲大社ができたのはそこなんです。しばらくして、中国中で秦の始皇帝は徐福にだまされているのではないかと噂が立ったのですが、数年して戻ってきた。そして、「出雲に入って山の中に行ったら、龍が荒っぽくて邪魔された。このくらいのお土産ではダメだから、貢物をもっとたくさん用意してください」と言うので、全財産を渡した。徐福は今度は福岡に入り、「私はニギハヤヒである」と言っている。

ニギハヤヒもスサノオも、祭祀王の頂点だという暗号でしょう。それで大和朝廷をつくったのです。

その後、4~5世紀に弓月君の民が来たわけです。これがシュメールの10支族の連中です。そして来たときに合体してヤマト朝廷をつくったわけです。弓月君の民は、日本は神と一体になる国であると言って神社をたくさんつくった。

その後やって来た弓月君の民が神社をつくっていった理由

日本には神社が10万社あります。うちは江戸時代末期からの家なんですが、家の中に神棚が1つあり、蔵の2階にも神棚がある。家の外には氏神様、蔵の横にはお稲荷さん、テニスコートの横には道祖神がある。５つあるんです。弓月君の民が全国につくった10万社の神社に各家庭のお祈りの場所まで含めたら、数十万も日本にはあるわけです。

日本人はキリスト教に入ろうが、新興宗教に入ろうが、冬になるとケーキを買ってきて「メリークリスマス」とやるし、正月になると初詣に行き、お盆もちゃんとやる。おまえら何なんだと。日本は神とリンクしているのです。弓月君はそれを自覚させるために日本中に神社をつくった。これが重要なんです。

弓月君の民は、わかっているだけで３万２０００社の稲荷神社をつくっています。一番最初に伏見稲荷をつくったわけですが、稲荷とは何なのか。イエス・キリストが十字架で磔刑になったとき、「ＩＮＲＩ」と上に書いてあります。それはナザレのイエス、ユダヤの王という意味です。ＩＮＲＩをもじって「イナリ」にした。稲荷神社の主祭神は宇迦之御魂ということになっていますが、ＩＮＲＩが「いなり」となりイエス・キリストを意味しています。

その後に、八幡神社を４万４０００つくった。弓月君の民が朝鮮半島まで来たときに、新羅に阻まれているので助けてくれとメッセージが来たので、15代天皇の応神天皇が軍を率いて行って、新羅を追い散らして日本に入れてあげた。それで八幡神社は表向きは応神天皇を祀っていますが、応神天皇はイエス・キリストの末裔です。これは日本で誰も言ったことがないと思いますが、重要です。覚えておいてください。

弓月君はもう一つ、大山祇神社を1万数千社つくっています。主祭神は大山咋神（おおやまぐいのかみ）です。

これを全部あわせると約9万で、さらに各家庭に氏神様とかが数十万、数百万あるわけです。みんな神とのリンクです。どういうことなのか。

稲荷神社の宇迦之御魂はスサノオの娘です。つまりスサノオの娘とイエス・キリストは多次元同時存在の法則で、同一人物となります。応神天皇はイエスで、大山咋神はスサノオの孫です。先に来た徐福がスサノオと言っているのに、後から来た弓月君の民がスサノオを祀っている。これは弓月君の民と徐福は同族だということです。

徐福は日本に来て、帰らなかった。全財産を与えているのは、帰って来るなという意味だった。徐福が日本に来てから十数年後、司馬遷が『史記』の最後の1行に、「徐福は平原と広沢を得て王となり帰らず」と書いている。

これがどういう意味なのか最初わからなかったけれど、中国で言うところの「平原」は、周りを見渡して一切山脈が見えないところだそうです。日本地図を開いたら、それは関東平野しかない。「広沢」は広い沢。東京の半分ぐらいは湿地帯だったのを埋め立てたのです。広い沢だからウナギやドジョウがいっぱいいて、食べ物に困らない。「王となり帰らず」の王とはどういうことか。スサノオとリンクします。

徐福は本当は富士の裾野に王朝をつくりたかったのですが、時々噴火して危ないのでやめた。宮下家にある古文書、「宮下文書」を編纂したのは徐福です。富士の裾野に不二阿祖山太神宮という古い神宮がある。阿蘇山と富士山がリンクするわけです。全て陰と陽。

「宮下文書」には、２万年とか３万年前に、ここに王朝があったというとんでもないことが書いてある。オウム真理教の麻原彰晃は、富士の秘密を知っているので富士の裾野にサティアンをつくったわけです。彼はなかなか勉強しています。

[figure32]

［figure 32］
伏見稲荷です。イエス・キリストは日本人ですから、スサノオと遺伝子が同じです。選ばれた民です。

[figure33]

［figure 33］
イエス・キリストが磔刑になった上には、必ず「ＩＮＲＩ」と書いてあります。稲荷神社にはコンコン様がいて油揚げをお供えしますけど、油揚げなんて食べないでしょう。あれは香油をイエス・キリストにかけたというのを意味しているのです。

坂上田村麻呂とアテルイとモレ

［figure 34］
「東日流外三郡誌」は5000年前、「出雲古文書」は4000年前の文献です。ことごとく記紀とは関係ない話があるわけです。出雲族が東北、関東、日本全部を制圧していたのですが、後から日向族（ユダ族とベニヤミン族）が来て、同じ日本人なんですけど、神武天皇に乗っ取られて公家文化が築かれた。それをリセットしてもとに戻そうということですね。
東北と関東の出雲族・蝦夷族の王のアテルイとモレを捕まえてこいと坂上田村麻呂が命

令されて、４回戦いを挑んで捕まえてきた。アテルイとモレは、日本の中心の統治王と祭祀王だから、何とか助けてやってほしいと必死で頼んだけれど、ダメだと京の公家たちが処刑命令を出した。

[figure 35]

『蝦夷・アテルイの戦い』、久慈力の著作です。

[figure 36]

坂上田村麻呂は東北で、石に「日本中央」と弓矢のかたいひじりで刻まれているのを見

[figure34]

[figure35]

[figure36]

[figure37]

つけたわけです。今は神社の中に奉納されています。ここが日本の中央なんだということです。岩手県です。それを見てしまったので、坂上田村麻呂は日本の文化が滅びるからアテルイとモレを殺してはダメだと言ったわけです。

[figure 37]

それでもしようがなくやった。坂上田村麻呂はすごい男です。彼は京都を見下ろすところに清水寺を建立して、そこにアテルイとモレを奉納した。どこを向いているかというと京都の中央、右京区の広隆寺、弥勒菩薩です。弥勒降臨、地球が滅びそうになったときに、メシアとしてアテルイとモレの魂が弥勒として復活してほしいという願いを込めてつくったのが清水寺です。

清い水、水神。水の神は瀬織津姫です。「瀬」はさんずい、水でしょう。早瀬、早い流れが「瀬」なんです。それを織りなして「津」。「津」もさんずい、水です。津は水が湧き出る、生命が湧き出るということです。水を織りなして生命が湧き出る神だという水神の証拠が瀬織津姫です。瀬織津姫の語源はそういうことなんです。

表向きはアテルイしか言っていませんが、アテルイは統治王です。統治王は男で、男は本当は意気地なしで弱い。持久戦に持ち込まれたら女性に勝てません。

（figure38）

［figure 38］

これが清水寺の西門で、その麓のところにアテルイとモレの碑がある。

NHK・電通を支配するのは、12貴族の一つブロンフマン一族である⁉

［figure 39］

京都にこれを見に行ったときの話をしてください。

[figure39]

参加者　清水寺に行ったんですが、グーグルマップで検索しているところと、実際にあるところが全然違って、なかなか見つけられなかったんです。すごく不思議に感じて、先生に聞いたら、わざとわからなくしているんじゃないかということを教えてもらった。それぐらい気づく人しか気づかないようにしてある。

　メディア、ＮＨＫは私が世界で発表しようが、岡本太郎生誕１００年記念事業でやろうが、一切取り上げない。最初はＮＨＫが敵だと思っていたわけですが、敵は電通です。ＮＨＫの受信料はＮＨＫに入るのではなくて、１００％電通に入る。電通は何者か。日本の会社ではありません。

　フリーメイソンは33階級あって、下はボーイスカウト、ガールスカウトです。宗教団体も全部、メイソンに加盟しないと宗教法人の認証が取り消しになる。そのかわり守ってやるからお布施の何割をよこせという話です。ライオンズクラブ、ロータリークラブ、文化庁などもメイソンの中に組み込まれています。裁判所も政治家もそうです。

33階級の上にイルミナティの13血流があって、ロスチャイルド、ロックフェラー、メディチ家、ケネディ家、オナシスなどいろいろある。血族を大事にするのです。それが頂点だと陰謀論者たちは言っていますが、違います。その上に本家本元があるのです。今のユーチューブやメディアは、洗脳されるというリスクがありますから気をつけてくださいね。

さらにその上に、12貴族というのがいるのです。令和6年、渋沢栄一がお札になりますが、渋沢栄一はメイソン中のメイソンです。何百も学校をつくって、何百も会社をつくって、証券会社のシステムもつくって、第一国立銀行初代頭取をやった。彼らの手下でなければこんなことはできるはずありません。渋沢栄一をお札に印刷するということは、そこからカネも日本もやつらが統治しようという暗号です。そこに向けて目が覚める必要がある。

12貴族を覚えるには、「澁澤龍彦がエレキギターのミュージシャンになって、タフな寅に変身する」というイメージで覚えてください。「シブサア、エレキデ、タフトラ」と覚える。シェルバーン、ブロンフマン、サヴォイ、アイゼンベルグ、エッシェンバッハ、レーゲンベルク、キーブルク、デル・バンコ、タクシス、フローブルク、トッゲンベルク、ラッパースヴィル、これが12貴族です。イルミナティの13血流をはるかに超える不動の貴族です。

12貴族の上から2番目、ブロンフマン一族が電通の所有者です。ブロンフマンを私は突きとめたのです。カナダの貴族です。カナダはエリザベス女王の傘下です。ブロンフマンというのは向こうの方言で酒屋さんという意味です。禁酒法をつくってカネ儲けした。アル・カポネにいっぱいおカネをやって、彼を代表にしておいて、最後には逮捕されて処刑された。かわいそうに、アル・カポネはやつらのいいように利用されてしまった。

それだけではなくて、ブロンフマンはデュポンの所有者です。デュポンはライターで有名ですが、化学ケミカルの会社でもあります。化粧品もつくっています。本家本元のデュポンの仕事は、第一次世界大戦前から火薬製造です。デュポンは世界が戦争になればなるほど大儲けできる。ノーベルはダイナマイトに罪の意識があって、もうやめたということでノーベル賞にカネを寄付して、その金利だけでノーベル賞受賞者に賞金を贈っているのですが、ブロンフマンは罪の意識が全然なくて、どこまでもやる気です。

NASAとホワイトハットとアメリカの軍部が、世界滅亡計画阻止に立ち上がった!!

繰り返しになりますが、私がビバリーヒルズでの画集の発表になぜこだわったかというと、世界の大富豪に、これからはモノとカネではしあわせになれませんよ。精神性を大事にしなければと言いたかった。「篠崎さん、そんなことを言ったら帰ってこられなくなる可能性がある」と言われましたが、私は意地を張って細江英公さんに頼んで、２００８年にうまく発表できました。

そのときにホワイトハットの本性を見抜いたのです。ビバリーヒルズの大富豪は、そのときに既に真っ二つに分かれていた。今までどおり麻薬、コカインなどの悪事でカネ儲けしようという派と、ここらへんで何とか流れをいい方向に変えようという派に分かれていた。ジョン・ソルトが私の画集を翻訳して、彼はハーバードの名誉教授だったので、ハーバードの世界文化学会で発表してくれた。彼はビバリーヒルズの家族会のお目付け役だから、フリーメイソンでないはずがないでしょう。ハーバードを出てビバリーヒルズを牛耳っているのに、彼は良識派なんです。これがホワイトハットの正体です。

ホワイトの意味は、アメリカ先住民のホピ族の預言で、「世が滅びようとしたときに、天から白い兄の王が帰ってくる」。東から、日が出づる国からと言われている。日本人のことを言っているわけです。

インカには、「世界が滅びるとき、天から白い神が降りてくる」という言い伝えがある。それでスペイン人が来たときに、白人だから白い神が来たと思って、ハイ、どうぞと戦わないで明け渡してしまった。

瀬織津姫は白龍です。白、日本人のメシアの意味です。また天皇の意味は、天の白い王ということです。

ホワイトハットがアメリカの軍部と手を組んで、トランプを傭兵にして、最終的には全部日本に明け渡す考えです。

日本がやらなければならないことが一つあります。世界の人類の誰もできなかった、宇宙、神とリンクできる能力のメシアを復活させる、日本人が目が覚める仕事が残っているのです。目が覚めないのはメディアが敵だからです。私はテレビを見なくなってまだ3～4年ですが、まずメディアと手を切ることです。

ブロンフマン、火薬製造会社が日本のメディアのリーダーです。彼らは日本を制圧するだけではなくて、日本人を抹殺して一人もいなくしようという魂胆です。それの第一弾がコロナのワクチンです。

オバマとヒラリー・クリントンが2012年～2016年に、大きな輸送機にウラニウムをいっぱい積んでプーチンに売ったわけです。輸送機をウラジオストックに止めて、空の軍用機3機にウラニウムを移して、イラン、シリア、北朝鮮の3カ所に運んだ。向こうではCIAの工作員が待っていて、ウランで核兵器をつくるやり方を指南してつくらせたわけです。イランの語源はアーリアンでアーリア人という意味です。

ヒラリー・クリントンが大統領になれば、北朝鮮やイランとチャンチャンバラバラの話を捏造するつもりだった。ベトナム戦争のときも、軍産複合体の意向で、トンキン湾でロシアの艦隊が攻撃したというありもしないことを捏造して、やっつけようということで始まったわけです。

ヒラリー・クリントンは、つくった核を2発ぐらいアメリカのどこかに撃ち込ませて、「プーチンは平和利用すると言っておきながら、他国に売り払ってアメリカを攻撃させるなんて許さない」という構図をつくって、モスクワに水爆を落とす計画だった。それが原因で世界核戦争になるはずだったのです。それをＮＳＡ（アメリカ国家安全保障局）がリークして、ホワイトハットに伝えたわけです。

ヒラリー・クリントンが大統領になっていれば、今は核戦争の真っただ中です。我々はどこに行ったらいいんですか。大手町の地下4階にある核シェルターで、国会議員だけ生き延びようという魂胆です。大手町の地下鉄のエスカーレーターは、何であんなに深くに行く必要があるのか。自分たちだけ生き延びようとしているのです。

ＮＳＡとホワイトハットとアメリカの軍部が、これは大変だというので政治家とはもう手を切る。世界核戦争なんてやったら我々も死んでしまうじゃないかというわけです。やつらだけ生き残ろうということで、アメリカに広大な核シェルターをつくってある。中国には9700キロの地下核シェルターがある。12年前の世界が滅びる危機だったときは、5000キロだった。その図面も私は持っています。やつらだけ生き残る魂胆です。

世界人口5億人計画とトランプ大統領誕生

1992年、今から約30年前に、ブラジルのリオデジャネイロで地球サミットがありました。地球の環境を守りましょうというのは表向きで、世界の人口が増えすぎたので5億人にしようという提案がされ、それに世界各国代表が同意しているのです。それをメディアは流さない。今、地球の人口は80億人を超えています。5億人にするということは10分の1以下です。その計画どおりに、アメリカのDSの設計図でオバマ、クリントンと来たわけです。

これは大変だ、核戦争をしないにはどうしたらいいか。これに対抗できる人間には幾つかの条件があるわけです。大富豪で、何千億積まれても寝返らない人間でなければいけない。トランプしかいなかったのです。彼は正義感がものすごく強くて、日本で言えばたけしみたいに、しょっちゅうテレビに出演していた。彼に「あなたの命は必ずアメリカ軍が守るから、アメリカのみならず世界を救うために何とか大統領選に出てくれ」と必死に工作して、トランプ大統領が生まれたわけです。

そうしたらトランプが、「アメリカからＤＳを一掃する」と言い出したわけです。アメリカ人はびっくりした。新しい大統領は何を言っているのかチンプンカンプンです。それがだんだんわかってきて、アメリカ国民からＱアノン運動が起きてきた。Ｑという匿名の人が、ＤＳのトップの連中は幼児の脳下垂体からアドレナクロムを吸い取って、それを摂取して若返りを図っているとか、いろいろなことを暴露し始めたわけです。

日本はまだ目覚めない。Ｑアノンもあまり知られていません。私はテニスクラブのお客さん数百人に、今回のワクチンはスパイクたんぱくができて遺伝子操作されて、最終的に3年ぐらいで免疫機能が全部なくなって死んでしまうと言っても、踏みとどまったのは知っている範囲で3～4人です。それでお客が何人も減ってしまった。打つ人は、「何言ってるの。テレビも新聞も安全だと言っているじゃない」と言う。今は大変な時期なんです。

日本人が狙われる理由

［figure 40］

八咫烏の正体は忌部氏と言われています。ニギハヤヒと瀬織津姫をやったのは物部氏です。

八咫烏へ繋がる祭祀一族
忌部氏の正体
古代日本を裏で動かす謎の祭祀とは?

[figure40]

瀬織津姫と
饒速日命カード

[figure41]

[figure42]

[figure 41]

瀬織津姫とニギハヤヒが、祭祀王、統治王復活の根源です。

[figure 42]

国の国体を守るお寺にだけ五重塔を建てる資格がある。三重塔は二番煎じです。京都の東寺は空海が守っていますが、ここに国宝の五重塔がある。そして日光にもある。日光は日本の中心というだけでなくて、八咫烏の本籍が日光です。現住所は東京です。その証拠は後半お話しします。

日光の五重塔のてっぺんは海抜６６６メートルです。当時、日本は尺とか寸で計算しているのに、何で６６６メートルがわかるのか。八咫烏はシリウスの直系ですから、いずれ地球の直径の数万分の１が１メートルというメートル法に変わることを知っていたから、ちゃんと６６６にしてある。東照宮は、五重塔のてっぺんが６６６になるように造成されているのです。２０１２年にできたスカイツリーも基礎から６６６（メートル）です。

６６６は何かというと、日本人のY遺伝子の二重螺旋の３３３個の塩基が２つ組み合わさった特殊な遺伝子です。それが西洋人（アーリア人）のDSの連中は憎らしくてしようがないので、６６６を悪魔の数字にしたわけです。

日本は龍の王族、黄金の龍の民です。彼らはそれが憎らしいから、龍を悪魔の使いのドラゴン、口から火を吐くものにしたわけです。

それから13。この世は11次元です。今から20年くらい前にエドワード・ウィッテンが11次元を計算式で出しています。それにノーベル賞を与えない。どういうことか。11次元というと、日本には最高神十一面観音があるわけです。日本の文化も、遺伝子も、肉体の構造も、全て宇宙の根源を知り尽くしてできているのです。あの世に行って導いてくれる神を十三仏といいます。数珠回し、亡くなったときは左回り、十三仏。彼らはそれを13日の金曜日にしているわけです。ことごとく歴史はバーサス日本なのです。

後半にお伝えしますが、アイウエオも漢字も日本人が覚醒しないようにいじられています。

日本人洗脳委員会というものを戦後、彼らが十何人かでつくって、さまざまな工作をしています。それが日教組、電通、スリーS政策です。

スリーSとは、スクリーン、スポーツ、セックスです。日本人の若者を中心に、スクリーン(映画とテレビ)で洗脳の情報を流す。テレビでやっているのはお笑い番組、おいしいもの食べ歩き、旅番組、クイズ番組、ためになるものは何もない。そして子どものときからスポーツに熱狂させて、スポーツでエネルギーを発散させる。最後はセックス産業です。これによって日本人の若者を骨抜きにしようというスリーS政策です。こういうものが全部仕組まれているわけです。

なぜ彼らは日本人を滅ぼそうとしているのか。メシアとして復活されるのが怖いのです。彼らは日本人のすごさを知っている。アメリカはおカネを使って世界中の優秀な民族をハーバードに集めたのに、世界の先進国になるのに100年かかったわけです。ヨーロッパは産業革命を中心に250年かかって先進国になった。日本は戦争で焼け野原になってから、たった20年でGDP2位の世界先進国です。恐ろしい民族なんです。

日本人が本気になったら、カルシウムの吸収・排出が違う、体の構造が違うから桁違いです。

ここに来て、軍需産業も、車をつくっても、物質文明においても、日本が圧倒的になってきました。台湾のTSMCが4ナノの半導体で偉そうにしていましたが、これじゃダメだというので2ナノ、これが限界だということでアメリカとTSMCが熊本に工場をつくって大喜びしている。日本は負けていません。トヨタを中心に、トヨタ、日立、東芝等8社で、三菱UFJがカネを出して北海道に半導体の工場をつくる。これが1ナノです。開発したのは京都大学工学部です。世界の半導体は日本が中心になる。

[figure43]

［figure43］

メシアとして降臨するのはニギハヤヒの一族と瀬織津姫の一族です。これが復活するときが目前に迫っている。それを彼らは怖がっています。日本人は学んでそれを知るべきです。

前半はここまでにします。

【休憩】

第４章

ペルーの地下宮殿で発見！
「黄金の板」に刻まれていた
出雲文字が、日本最大の秘密を
暴露していた!?

参加者　きょうから3日後の9月17日がアテルイとモレと仲間の500人が処刑された日らしいんです。それは2日前に聞いたので知っていたわけではなかったんですけれども、やっぱりそういうのがリンクしているなと。

私は京都と大阪の枚方の2カ所を拠点に生活しているのですが、実は枚方にはアテルイとモレの首塚があります。私は今年の8月8日に行ってきました。京都の清水寺にある石碑のほうが全国的には有名だと思いますが、首塚が枚方にあって、横には片埜神社というのがあって、主祭神はスサノオです。枚方というエリアは私の出身地なんですが、天野川という川が流れているのです。天の川といったら当然、瀬織津姫、七夕姫じゃないですか。天の川の源流のほうにニギハヤヒ降臨の磐船神社というのがあります。後で先生から話が出るかと思いますが、枚方というのは百済寺があったり、磐船神社はニギハヤヒ降臨の「天の磐船」がある場所です。

篠崎　大阪に百済寺が750年にできた。その規模は平城京かそれ以上の規模なのに、壊して歴史から消そうとしている。平安京をつくりづらいからです。百済寺は日本最高級の国宝級の遺跡です。後半でやりますが、日本の王族が行って、統治王、祭祀王の文化を持ってきたわけです。統治王だけにして平安京をつくるのに邪魔なわけです。

実は彼女は百済寺の横に住んでいます。

参加者　今から3日後が、ちょうどアテルイとモレとその仲間500人が処刑された日で、それを2日前にアテルイとモレの末裔の人から聞きました。それに合わせて岩手に帰ると言っていたので、タイミングやねみたいな。

篠﨑　アテルイとモレは重要です。

人類の理想郷、イーハトーブというのを宮沢賢治がつくったけれど、死ぬまでその言葉がどういう意味で語源は何かを言わないで死んでいった。それを今日は明かします。日本人の秘密は白人の人たちが知らないところに膨大にあるのです。それがバレないように、あの手この手で裏に隠して現在まで来ている。終末に日本人が救済するということがバレると、彼らは手段を選ばず日本人を虐殺し始めるからです。

ビバリーヒルズはイギリスのフリーメイソンの町、ニューヨークはフランスのフリーメイソンの町！

これは余談なんですが、アメリカは真っ二つに文化が分かれている国です。

スペインのアルハンブラ宮殿のところにイサベル女王が攻めていって統治したわけですが、あまりにすごい宮殿なので、壊してキリスト教の神殿に変えなかった。その当時、マルコポーロの「黄金の国ジパング」の話を知って日本の秘密、何がすごいかをイサベル女王が知ったわけです。そして黄金の国ジパングを探してくれということで、コロンブスを呼んで、４つの船を用意して、莫大におカネを与えて日本を見つけ出しに行かせたわけです。

コロンブスはアメリカに着いたときに、これは日本の一つ手前の島じゃないかと勘違いしてインドだと思ったので、そこに住んでいる人に「インディアン」という名前をつけた。

その後、イギリスのメイソンは植民地をどんどん増やす大英帝国ですから、真っ先に移り住んだのでアメリカでは英語を使うようになった。イギリスのお茶の文化は紅茶です。アメリカを紅茶の国にして、イギリスから紅茶を輸入させて関税を高くかけたのです。そこにフランスのフリーメイソンが目をつけて、アメリカの人たちに「お茶にまでこんなに高い税金をかけるのはおかしい。独立したほうがいいんじゃないか」と言った。かわりに何を飲んだらいいかということで、コーヒーは果物ですからコーヒーがいいということになって、アメリカをコーヒーの文化にした。茶税が独立戦争の引き金になったわけですが、独立戦争が成功すると、イギリスからの紅茶の輸入はストップしました。

独立戦争がうまくいったのでつくったのがニューヨークです。ニューヨークという町はセントラルパークを中心に左右対称のシンメトリーで、フランスの文化でできています。だから白人優越主義のクークラックスクランが、年に何回か松明を持ってニューヨークを渡り歩くのです。あれはニューヨークはフランスに乗っ取られたけれど、いまだにイギリスのフリーメイソンの国なんだということのシュプレヒコールです。それでフランスが独立記念日に自由の女神を贈ったわけです。自由の女神はフランスのほうを向いています。

イギリスのフリーメイソンの連中は、ボストンに追いやられて何とも面白くない。ハーバード大学、ボストン美術館が中心だということでいたのですが、どうしてもニューヨークが目障りで、イギリスのフリーメイソンの大富豪の町をつくろうということでつくったのがビバリーヒルズです。だからビバリーヒルズで美術館の館長とか、いろいろな会館の代表には、ハーバード出身でないとなれません。

ビバリーヒルズはイギリスのフリーメイソンの町で、それに対して、フランスのフリーメイソンの町はニューヨークです。メイソンが真っ二つに分かれているのです。

これにはどういう歴史があるのか。アーリア人が攻めてきて、ユダヤ教に改宗すればユダヤ人になれるというインチキの構図をつくって、それでできたのがアシュケナージと言われるユダヤ人です。ゲルマン民族大移動と同時にフランスとスペインまで行ったら、彼らは徹底的に抵抗した。アーリア人もアシュケナジーもダメだ、言うことを聞かないと抵抗して、生粋のユダヤ人の組織ということで生まれたのがスファラディーです。だからマグダラのマリアはフランスのルルドの泉で、イエス・キリストもスファラディーに守られて日本に帰ってきているわけです。

特にスペインは最後まで戦って、アーリア人が憎らしい、面白くないということで、牡牛座の犯罪集団を敵視して、闘牛という文化をつくっています。アーリア人の化身の牛を殺すことに血湧き肉躍る。バルセロナには、年に1回、牛を放って逃げる行事があるのですが、アーリア人から我々は逃げ延びたということです。時々角に刺されて死人が出るのに、やめようとしません。そういう歴史があるわけです。

だからフランスとスペインに文化が花開いたのです。モノとカネではなくて精神性を大事にした。芸術の都パリ。スペインのゲルニカという小さな町からピカソが出た。ナチスドイツがゲルニカを空爆したので、ピカソが「ゲルニカ」という反戦の傑作を制作したわけです。

スペインのエウゼビ・グエル伯爵は、第一回パリ万博に行ったときにガウディが制作したブースに心を奪われ、全財産を投げうってサグラダファミリアをつくっていったのです。だからグエル公園とかがある。

フランスやスペインの文化と、アメリカやイギリスの文化は全く違います。だけど最終的にはイギリスのフリーメイソンが中心になっています。そういう構図があるのです。

アメリカはニューヨークとビバリーヒルズが敵対している。ニューヨークにＭｏＭＡ（ニューヨーク近代美術館）ができて、ポップアート全盛でやっていますけど、ビバリーヒルズのゲティー・ミュージアムはやりません。ゲティー・ミュージアムには篠﨑崇研究ブースが川崎市岡本太郎美術館のイベントの後にできていますが、私はそのあとコテンパンの人生になってしまったのでまだ行っていません。

アメリカはそういう二重構造があります。

では後半に入ります。

宇賀神さんの舞踏はすばらしいでしょう。昨日の加藤さんの舞踏は大野一雄の魂の流れを汲んでいるので、大野一雄のスタイルと考えてください。今日の宇賀神さんの舞踏は、どちらかというと土方巽、白虎社、玉野黄市などのほうの派です。舞踏のスタイルがちょっと違います。どちらがいいかはその人の好みがあります。土方巽と大野一雄が舞踏という新しいジャンルを初めて開発したのです。肉体表現で最高レベルです。魂を肉体で表現できる舞踏なんて世界にはありません。

私は、今後、事あるごとに加藤さんと宇賀神さんをお呼びして、徐々にギャラも高くするように努力しますので、皆さんもぜひ応援してやってください。

黄金の板の「ヤハウエをカムイの王と崇めよ」は人類最大の謎の答えを示している!?

[figure 44]

１９７2年に、スイスのデニケンという歴史学者（考古学者）が、アンデス・ペルーのインカなどの流れを汲んでいる地下宮殿で、黄金の板を発見しました。約50年前に発見された黄金の板には、世界の歴史を根底からひっくり返すとんでもない内容が書いてあったのです。溶かして証拠隠滅されなくてよかったです。日本人が世界の文明を切り開いた証

黄金の板

アンデス・ペルーの地下宮殿
１９７２年エーリッヒ・フォン・デニケン（スイス）が発見
出雲文字（日本のペトログリフ）

寸法
高さ　５２センチ　５＋2＝7
横　　１４センチ　１＋4＝5
厚さ　　４センチ　　　　4
合計 16（天皇）

内容

コレナルキンノイタニ　イサクトヨセフシルス　ココニワガクルノタカラアツメシメ　ノチノヨニツイシスエタラシメム　ヤハウエヲワレラノカムイトアヤメヨ

[figure44]

拠が書いてある。

寸法は、縦が52センチ、5＋2＝7です。横は14センチ、4＋1＝5です。753かなと思っていたら、厚さは4センチです。しばらく考えていて、夢に見て、なるほどなと思った。7と5と4を足すと16になる。ということは天皇の十六菊花紋。天皇の王族がここに人類の歴史を刻むという秘数が込められているのです。

では、七五三は何なのか。7、5、3を足すと15になります。新月の真っ暗な月から満月になるのに15日です。子どもがフルムーンになりましたよということが七五三のお祝いのルーツです。日本にはことごとく宇宙の仕組みが刻み込まれているのです。これはカバラでも表現できます。

黄金の板の内容がすごいので読みます。

「コレナルキンノイタニ　イサクトヨセフシルス」

イサクはアブラハムの子どもで、イサクの子どもがヤコブです。ヤコブの12人の子どもがイスラエルの12支族です。ということは、イサクがイスラエルの12支族の祖父で日本人だということです。

ヨセフはイエス・キリストの父です。イエス・キリストは処女懐妊で生まれたということなので、養父ということになっていますが、マリアと一緒になってできたのだと思います。「ヨセフとイサクが記す」とは何事かということです。イエス・キリストの父親とアブラハムの子どもが書いているのです。

「ココニワガクルノタカラアツメシメ」

世界中のあちこちの宝物をここ（インカ）に集めなさいということです。だけどスペインが行ったときに金はなかった。これはシュメールが全部日本に持ち帰ったということです。証拠はつかんでいます。

「ヤハウエヲワレラノカムイトアヤメヨ」

これは大変な内容です。ヤハウエというのは全天の王です。キリスト教、ユダヤ教、イスラム教の神がヤハウエです。文句のつけようのない王族です。ヤハウエはシリウスの王です。「ヤハウエをカムイの王と崇めよ」ということなのです。

カムイというのは、アイヌの自然崇拝の最高神です。『カムイ外伝』という漫画があります。それだけではなくて、イースター島のモアイの背中に「我はカムイなり」と刻んである。イースター島のモアイもカムイなんです。インドのモヘンジョダロの仏像の門のところにも「これはカムイの王なり」と書いてある。「ヤハウエをカムイの王と崇めよ」ということは、ヤハウエは日本人だということです。

イエスの父とアブラハムの子どもがここに書いたということは、イエス・キリストもアブラハムも日本人だということです。この黄金の板は、世界に文明を広めたのは日本の王族だと言っているわけです。よくこれが破壊されなかったと思います。

[figure 45]

黄金の板の現物の写真です。ＤＳの連中が手出しできないところにちゃんと保管してあります。

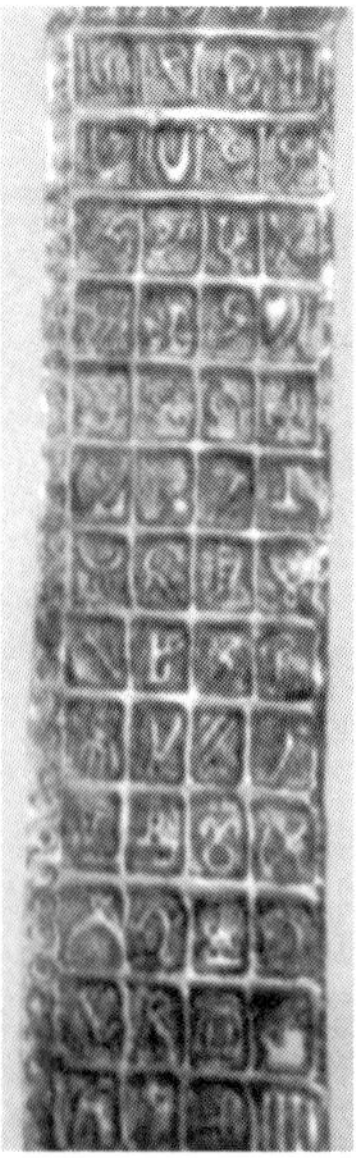

(figure45)

問題はこの文字です。宇宙語なのか何なのかわからなかった。デニケンもこれはダメだなと思っていたら、とある考古学者から、世界で一番古い文字は日本のペトログリフ（神代文字）だから、その中のどれかに当てはまるんじゃないですかというアドバイスをもらって、調べたら出雲文字で書いてあった。

ここからが誰も言ってない、私の見解です。

40種類の神代文字の中の最高ランクの文字が出雲文字だということです。それは日本は出雲が中心だという証拠になるわけです。イサク、ヨセフがカムイだと書いているのですから出雲でしょう。出雲王族は蝦夷です。アテルイとモレが統治王、祭祀王の頂点だということです。ここに今回の２日間にわたる見解が集まってくるわけです。これが出雲文字だということは大変なことです。

これは目からうろこ以上のことです。

世界の人類を日本の王族が治めているということです。世界中の富を日本に集めよということですから、黄金の国ジパング。ヤハウエをカムイの王と崇めよというのはどういうことかというと、日本人の王なんです。ということは、日本人は銀河系の王族、シリウスの直系ということになります。ここにプライドを持ってほしい。これを日本人みんなに知ってほしい。そうすれば、幾ら何でも目が覚めるでしょう。

松尾芭蕉と服部半蔵は同一人物、忍者なのです！

映像の準備が整うまで、もう少し詳しくお話しします。

「コレナルキンノイタニ　イサクトヨセフシルス　ここにワガクル（都）ノタカラアツメシメ（集めなさい）　ノチノヨニツイシスエタラシメム（いつまでも語り継ぎなさい）　ヤハウエヲワレラノカムイトアヤメヨ」

これが出雲文字で書いてあるのです。

有名な神社の中で、伊勢神宮、香取神宮、鹿島神宮は神宮です。出雲は大社です。上なんです。出雲大社と長野県の諏訪大社は出雲族です。だから長野県に忍者の中心、故郷があるわけです。そこから派遣された最高の忍者の頭領が服部半蔵だから、皇居に半蔵門がある。服部半蔵は忍者の王です。天皇を守る態勢が一通りできたので、服部半蔵が東北の出雲（蝦夷）を調べに行って、世に残したのが『奥の細道』です。同一人物なんです。なぜ彼は大阪、京都に行かないのか。出雲と蝦夷の町ではないからです。

松尾芭蕉は1日に80キロ歩いたり、山に登ったり何だりすごいでしょう。忍者でなければできないです。普通の人なら筋肉痛で動けなくなります。松尾芭蕉と服部半蔵は同一人物です。天皇が東京の地下通路で逃げ延びることができなかったときは、忍者が総出で天皇を半蔵門から長野に逃がすということです。

何千年にわたって、彼らがあの手この手で日本人の目が覚めないように弾圧して、日本人は目が覚めない民族としてやってきた。その証拠をこれからいろいろお見せしたいと思います。

日本人は第三の目があるし、本質的な肉体の構造からして、カルシウムの吸収率からして根本的に違うわけです。だからメシアとして目が覚めてからは、本領を発揮するのは速いと思います。実はハーバードの教授や歴史学者のフランスの女性教授、それからさまざまな教授が日本人は恐ろしいと言っています。ただ者じゃない。焼け野原に行って見学して、20年後に行ったら、高層ビルの日本に変化していてGDPは世界第2位です。

私は韓国を代表するキム・スーという絵描きに呼ばれて、エルミタージュとプーシキンでアジア人で初めて1カ月の長期個展をやる打ち合わせに行って、いろいろなパーティーに出ましたが、「先生、我々は日本人を本気で怒らせるなと思っていますのでご安心ください」と2度、3度言われました。韓国人は日本人を恐れているのです。

それはそうでしょう。中国は偉そうなことを言っていますが、歴史上、対外の戦争で勝ったためしがありません。大東亜共栄圏で満州に行ったとき、韓国と中国は逃げた。しようがないので日本だけが戦った。

『古事記』『日本書紀』がニギハヤヒ、セオリツヒメ、アテルイ、モレという日本の祭祀王を消してしまった⁉

海外は自分の国のことしか考えていません。世界で最も名所旧跡をグルッと見渡せる道路、ヨーロッパ・ロマンチック街道の終点はドイツのノイシュバンシュタイン城です。白鳥城と言われていて、デザインがいいということで、ディズニーランドのシンデレラ城のデザインにも影響を与えています。

ヨーロッパ・ロマンチック街道が最高だといわれていますが、真っ赤なウソです。日本ロマンチック街道が世界一です。その証拠は何か。終点がノイシュバンシュタイン城です。でもあのときはヨーロッパは国と国が争う覇権争いはもう終わっていて、時代錯誤もいいことに、ルードヴィヒ二世はお城をつくってドイツの国力を使い果たし、餓死者が何人も出ていた。だからノイシュバンシュタイン城がオープンする1カ月前に、下の湖に水死体で浮かんだのです。クーデターです。ノイシュバンシュタイン城は、大量におカネをかけたすばらしいお城だけど、何を飾っているのか、何を言おうとしているのか。

日本ロマンチック街道の終点は日光です。東照宮とノイシュバンシュタイン城、どちらがすごいか。２つの目で見る統治王の成れの果てがノイシュバンで、祭祀王の頂点が東照宮です。神とリンクしている社に勝てるわけがない。その証拠に、東照宮は世界遺産に認定されていますが、ノイシュバンシュタイン城は認定されていません。

日光の秘密がいろいろあるわけです。中国の秦の始皇帝が、東の海を渡ったところに蓬莱山と不老不死の水が流れている養老の滝がある。その滝の水を飲むと不老不死になるからとっておいでなんて、あれは口実です。アーリア人との戦いはもうダメだ。全財産を我々の故郷の日本に、復興のために持っていってくれということです。

だから「平原と広沢を得て王となり帰らず」。位置は埼玉、赤羽あたりです。そこで徐福（スサノオ）を祀ったのが氷川神社です。大変古い神社で数千年になります。主祭神はスサノオです。氷の川、川は水の神、瀬織津姫です。スサノオの兄貴のニギハヤヒ、氷川神社はニギハヤヒと瀬織津姫なんです。そういうことをわからないように、いろいろと改造しているわけです。白人の連中に気がつかれないようにしている。

面白いことに、中大兄皇子と中臣鎌足（後に藤原鎌足に名前を変えて、その子どもが藤原不比等）が大化の改新をやった後、日本の神社の主祭神を、ことごとく瀬織津姫からアマテラスに変えてしまった。だけど神社の連中はやつらの陰謀に対してどうしても納得いかないので、一つ山を越えたところとかに、バレないように瀬織津姫の本陣を残しているのです。

歴史上、ニギハヤヒと瀬織津姫は封印されて、『古事記』と『日本書紀』から消された。ニギハヤヒと瀬織津姫はシリウスの直系の統治王と祭祀王です。それでつくったのが出雲・蝦夷で、そこの王がアテルイとモレです。

京都の公家の連中はそれがどうしても面白くない。アテルイとモレをとっ捕まえてきて消してくれと言う。それに対して、先ほどの田村麻呂じゃありませんけども、日本中央の民族だからよしたほうがいい。日本の国体にヒビが入ると言ってもダメだと。公家はイケイケでしょう。平安時代は350年ぐらい続いた。

八咫烏が信長、光秀、千利休、家康を呼んで練った作戦があった⁉

これは別の話になりますが、コピーが来るまでお話しします。平安の貴族が統治王だけにこだわって身売りした日本人の文化を、本来の日本の文化に戻そうと思った八咫烏が織田信長、明智光秀、千利休、豊臣秀吉、徳川家康を呼んで、作戦を練ったわけです。そしてやつらをことごとく破壊しようということで、織田信長がまず始めたのが京都の比叡山の焼き討ちです。

比叡山は最澄です。日本の密教は、最澄の天台宗と空海の真言宗の２つです。天台密教は公家と手を組んで堕落した。だから遣唐使で行ったとき、恵華阿闍梨は空海にしか密教経典はあげなかったわけです。中国の密教徒は何千人もいたのに預けない。日本が世界の中心だから空海にだけ預けて、最澄がくれと言ってもやらなかった。

織田信長は、まず堕落した宗教を焼き討ちした。そして成長すると仕返しされるから、子どもや孫までみんな殺してしまった。それで秀吉と手を組んで公家文化を破壊した。

光秀と千利休は同一人物です。「明智光秀　かつら」で検索すると出てきます。頭に毛がなくてかつらをかぶっていた。かつらを脱いでお坊さんの格好をして千利休になって天皇と仲よくして、武士の格好をしてかつらをかぶって光秀になる。光秀は学者中の学者です。本能寺の変なんかやるわけがない。織田信長が役目が終わったのでいないことにしてほしかったわけです。織田信長はこっそり逃げて、一旦バチカンに帰って、また戻ってきています。

それで一通りの体制ができたので、千利休はお役御免でいる必要がない。千利休と光秀が一緒の会談の文献は一つもない。同一人物だからです。２人とものすごく学者です。千利休がいなくなって、大坂夏の陣、冬の陣なんて、あの狭いところで１年かけて戦争するだけのことがありますか。戦争をやったことにして、徳川家康の時代に移行させたのです。徳川家康が公家の都ではなくて、本格的に江戸をつくった。

江戸を陰陽や風水学で設計したのが天海和尚です。天海和尚は光秀と同一人物です。天海和尚が神の都の本籍は日光であるということで、どのへんに東照宮を建てたらいいだろう、どういうふうに設計したらいいだろうと、上った高台が明智平です。光秀が眺めたところなんです。天海和尚の銅像が東照宮の下の広場に建っていますが、東照宮を見ていません。中禅寺湖の真ん中の「上野島《こうずけしま》」に遺骨が眠っているので、そこを見ているのです。

どういうことかというと、上野と上野島が日光街道の出発と終着で、八咫烏の現住所と本籍をつないだわけです。そして東武鉄道は、浅草から日光です。浅草に2012年に666の塔（スカイツリー）を建てて、ここから日本が復活すると。それが東照宮の666の高さの五重塔と同じ高さなのは偶然なわけがないです。スカイツリーのオープニングの日に、日光の五重塔が数百年ぶりに開かれて、秘宝をご開帳した。

2013年に富士山女子駅伝が始まりました。それまでは箱根男子駅伝で、何で女子を走らせないのかというと、女性は体力がないからなんて、富士のほうがきついと思いませんか。日光いろは坂女子駅伝も2014年に始まりましたが、これはあまりにもきつすぎるので4年で終わってしまった。中禅寺湖では100年ぶりに全日本ヨットレースが始まりました。

２０１２年に日本の国体を戻す。八咫烏は、いるかいないかわからないなんて言っているけれど、ちゃんとやってくれているのです。統治王はアメリカの軍部とトランプが日本に預けていて、祭祀王は八咫烏が仕組むわけですが、その時期が来たとき、日本人の目が覚めてなかったらどうなりますか。日本国民に「何やってるの」と言われたら、日本に火がつかないです。

月刊誌「ムー」で15年くらい前に、飛鳥昭雄が八咫烏と接見したという特集が出ました。京都の駅から目隠しされて30～40分行って八咫烏と会ったから、恐らく京都の山の上の別邸が八咫烏の本部だろうと「ムー」で特集になりましたが、信用しきれないのです。

２０１２年に終わる、終わると言っていて終わらなかった。学研は教科書を印刷しているから日教組です．ＧＨＱの傘下です。陰謀論者はＴＯＬＡＮＤ ＶＬＯＧもみんな八咫烏は京都だと騙されていますが、本当は東京です。

東京は世界一の都です。海外の旅行者が東京に来てびっくりしています。首都機能のある都市で、緑が一番多いのは東京です。パリに行っても森はないし、ニューヨークはセントラルパークだけです。街路樹もありません。北京もソウルもダメです。東京はすごい。桁違いの街です。

今後、世界中心の経済を牛耳るのは東京になります。レアメタルでも何でも、数百年、数千年分が水の中深くに眠っています。まだ採掘はしません。九州と沖縄の120メートルぐらいの浅瀬に、砂金がものすごくあります。それも掘り出さない。原油だって、ガス田がある。大陸棚のメタンハイドレードは採掘すると言っていましたっけ。天然ガスになるのですが、世界の数百年分あるでしょう。日本は資源の宝庫です。世紀末になるまでそれに手をつけないでいるのです。日本が中心になります。

私は自慢話をして、私はすごいだろうと言っているわけではありません。いつ死んでもいいように、私の言ったことをぜひ記憶にとどめていただいて、そのときから皆さんの血となり肉として、活用してほしいのです。

ビバリーヒルズでもこれを言いたかったのですが、聞きづらい話だから、ジョン・ソルトに日本人の秘密なんて聞きたくないと断られてしまった。

前回の『カバラ日本製』のときまで、私の秘書がわりをしていた男性がいたんです。栃木県でとある人から紹介を受けた、家庭を持っている45～50歳の人でした。私は知らなかったけど、ある組長の倅だった。

月刊誌「ムー」が2012年に世界が終わるとさんざん特集をやっていたのに、何も起こらなかった。それで私は10年間取り続けた「ムー」百何十冊を資源ゴミに出して、ムーはもうとらなくしたと言ったら、2〜3日して彼から、「先生、あんなことを言うと命がないからね」と電話が来た。それで調べたら、栃木県のある一家組長の倅だった。

年に2回ぐらい、大型バスで日本中の秘密を探るツアーをしていて、それに参加したときに飛鳥昭雄さん、ムー編集長が乗っているとよく言っていた。前から噂があったように、日本の国体を壊す活動をしているという証拠ともなるものです。

中心は出雲、ヤハウエもヨセフもイサクも出雲系、アテルイと同じ血統だったのです！

黄金の板は出雲文字です。日本は出雲が中心なので出雲なんです。ヤハウエもヨセフもイサクも出雲系、アテルイと同じ血統です。だから公家はアテルイとモレが邪魔だった。公家の文化は統治王だけの文化です。神とつながっている祭祀王を頂点にしたら乗っ取れないわけです。悪さができないから祭祀王が邪魔なんです。

統治王は自分が出発点で自分が神、エネルギーの出発点は神なのが祭祀王です！

参加者　統治王、祭祀王は何人もいるのですか？

統治王は海外が中心でしょう。海外でいえば、国王、大統領。エリザベス女王も祭祀王ではありません。歴史上は、ナポレオンも統治王です。彼は「我が辞書に不可能の文字はない」と言った。フランスの王朝文明、ルイ14世は「私は太陽王である」と言った。日が沈まないという。統治王が頂点を極めるとろくなことがない。統治王というのは、エネルギーの出発点が自分で、自分が神だという発想です。

祭祀王は、エネルギーの出発点は神です。自分はそれが通過する通過点だということです。そこが決定的違いです。頂点は神だから、祭祀王におごり高ぶりはありません。神の民族を頂点にしたら、統治王は歯が立たない。

統治王だけの国にしたら、ろくなことがない。「日が沈まない」と調子に乗って、ポンパドールというお妾さんをもらって、ポンパドールにそそのかされてベルサイユ宮殿をつくってフランス中の財を使い果たし、餓死者が何人も出た。それでフランス国民が怒って、フランス革命でルイ16世が断頭台の露と消えたわけです。（宮殿をつくったのは14世、ポンパドール夫人は15世、ギロチンは16世です。）

これの連続です。最終的にアーリア人というのは血も涙もないのです。シュメールのレバノン杉の森のフンババを殺して、森を全部なくした。中国も全面森の都だったのを、連中は全部伐採して燃やして、鉄鉱石を溶かして武器をつくった。戦う準備しかしない。森より戦いが大事で、自然よりも銭カネのほうが大事なのです。

日本は7～8割、森を破壊しないでしょう。林野庁が昔からちゃんとやってきて、１０００年、２０００年という森が登録されています。伐採したら、必ず植林をする。外国人は植林なんかしません。後はどうだって構わない。自分らが生きている間に征服するんだという考えです。環境破壊は連中がやっているのです。

ケルトの本家本元は、修験道者の法螺貝です！

［figure 46］

世界が滅びようとするときに、北欧の神、ヘイムダルが高らかに角笛を世界中に吹くと言われています。北欧とはケルトです。日本人の文化です。

［figure 47］

ケルトの本家本元は修験道者の法螺貝です。ケルトのヘイムダルは、世界が滅びそうになったときに角笛を吹くわけですが、修験道者がしょっちゅう山に向かって法螺貝を吹いている。ということは、滅びないように、いつも啓蒙しているわけです。この前の火渡りの後、修験道者が法螺貝を何回も吹いていました。

[figure46]

[figure47]

平城京以上の規模だった百済寺を封印し消し去ろうとした理由は祭祀王の文化だから⁉

[figure48]

[figure 48]

大阪に百済寺跡というのがあります。百済というと朝鮮です。何かおかしいじゃないですか。私は10年以上前からこの研究に入りましたが、百済寺を燃やして破壊して、歴史上、百済寺がなかったという文化にしてしまった。長さが七百何十メートル、幅が二百数十メートルです。それだけではなくて、その周りに碁盤の目のように都市国家があったことがわかってきた。その規模は平城京以上です。

百済寺ができたのは７５０年です。７０１年が大宝律令、７１０年に藤原京から平城京にしたわけです。その後、７９４年に桓武天皇が遷都して平安京をつくった。その中間のところで百済寺ができたわけです。

どういうことかというと、崇神天皇の前の闕史八代の時代に、徐福と弓月君の民が来て、日本に神社をつくったりしていたところを、崇神天皇以降に統治王だけで乗っ取りにかかっているわけです。大和朝廷は大化の改新の前に、韓国の下のほうに日本府を置いて、百済、高句麗、新羅を統治して、目が覚めるようにと文化を広めていたのです。だから韓国の下には、王の前方後円墳がありますが、中の秘宝を公開しない。韓国は日本が中心だということに嫉妬しているのです。

大化の改新（645年）の後、百済が大変なことになっているというので、中大兄皇子が兵隊をいっぱい連れて助けに行ったのが白村江の戦いです。日本の歴史上初めての対外国家との戦争です。百済を守るために、当時最強の唐と新羅を相手に戦って、負けて帰ってきたわけです。

その後、唐が黙ってなくて、最終的に百済を攻め落とした。日本から行った王族の民は、大量の財産を持って日本に戻ってきて大阪の難波にたどり着いた。故郷に助けてくれと帰ってきて、私は日本の民だという跡地が百済寺です。百済寺というのは名前のつけ方が間違っています。百済京です。なぜかというと、平城京と同等かそれ以上の規模がある。百済寺跡地は、今現在日本の第一級の遺跡だと私は思っています。

どういうことかというと、統治王と祭祀王の理念を持ってきたわけです。百済寺を残すと、京都の公家文化をつくるのに非常に邪魔だった。

[figure 49]

発掘調査がやっと進み出しています。百済寺は本来、五重塔を建ててもいいスペックなんですが、日本府の連中が戻ってきたのに、日本に遠慮して両脇に三重塔を建てて、二塔一神殿というシステムにしています。遠慮しているけれども、使っている材料は最高級です。焼かれたら、使っている基礎の石がすばらしい白御影とかなので、農民の人たちが荷車で運んでいって庭石にしたりしてなくなってしまった。だけど発掘調査をしたら、その下に最高級の石の基盤があることがわかってきました。石の基盤だけで当時の様子を再現したのがこれです。これがどれだけの材料でできているかということです。

[figure49]

[figure50]

［figure 50］
百済寺は三重塔が両脇にあって中に神殿がある。その周りに碁盤の目のように平城京のような町があった。何でわかったかというと、家とかをつくるときに基礎をやると、碁盤の目のような軌跡が出てくる。何としても日本の歴史から百済寺を消し去ろうという勢力があるわけです。

風水学によると、都は北に山を背負って、東に川が流れていて、西に道路があって、南は広く開けているのが理想です。平城京はそれに対応していません。東に川がないから、710年から794年の70～80年の間、都の汚水が流せないので町が非常に腐敗してしまった。百済寺は下に淀川が流れています。そして高台です。風水学でも理想的なのに、封印してしまった。

[figure 51]

なぜなのか。ユダ族とベニヤミン族がローマと戦って、バビロンの捕囚の時代に、古代ユダヤ教をタルムードという新ユダヤ教に改造したわけです。我々は選ばれた民であるという宗教に変えてしまった。だから10支族が怒って離れるわけです。しかし日本にある出雲系の大和王朝は、アジアの民をすばらしい国家にするために、韓国に日本府を置いて、前方後円墳をつくってやっていたわけです。だけど向こうの勢力、シュメール文明がなくなったし、秦の始皇帝の財も徐福に預けて帰ってきた。それで向こうに行っていた日本の王族も、しようがなく日本に帰ってきたわけです。それが百済寺です。

[figure51]

日本の王族なのに、なぜ消し去る必要があるのか。大化の改新前の文化なので、統治王と祭祀王の文化だからです。祭祀王が邪魔なんです。それでニギハヤヒと瀬織津姫を封印したように消されてしまった。

「もののけ姫」のアシタカはかぐや姫を神武天皇から秋田へと逃がしたナガスネヒコ！

2012年から日本が復活するということで、日本のアニメーター、宮崎駿が「もののけ姫」をつくった。主人公のアシタカの名前は脚が長いという意味。これはナガスネヒコをあらわしているわけです。このナガスネヒコが、統治王だけにこだわる神武天皇には、日本の祭祀王の頂点であるかぐや姫はお嫁にやらないということで、かぐや姫を秋田に逃がしたわけです。かぐや姫伝説の翁はナガスネヒコです。

先ほども言いましたように、大奥のスペックというのは、とにかく頭が抜群に切れる美人を集めているので、かぐや姫は一人で行ったわけでなくて一族が行った。これが秋田美人のルーツです。秋田にかぐや姫のお墓があります。それを管理しているのは宮内庁です。そして来るべき日本がメシアとして復活するときを、かぐや姫の遺伝子の一族と、アテル

[figure52]

[figure53]

イとモレの一族が、ちゃんと待ち構えているのです。今、八咫烏の命令が出るのを待っている段階です。

　統治王はアメリカが日本に譲ったから、祭祀王が復活する。そうしたときに日本人が気がつかなかったらまとまらないわけです。我々一般国民が主役です。

[figure 52]

「千と千尋の神隠し」の白い龍はハクといいます。これは瀬織津姫です。

[figure 53]

　邦画の興行収入の第1位が「鬼滅の刃」、2位が「千と千尋の神隠し」、3位が「君の名は。」、5位が「もののけ姫」です。2位、3位、5位が瀬織津姫復活を願っているのです。

新海誠と宮崎駿が、その時期が来たということを言っているわけです。どこまで日本人が気がついているかということですね。

[figure 54]

第3位の「君の名は。」の興行収入が250億円ぐらいです。新海誠は何なのか。この映画の内容は、説明がないと何を言っているかわからない。記憶がなくなったり、ティアマト彗星が降りてきたり。ティアマトは龍です。あの神社はちゃんと全て封印している。「君の名は。」は瀬織津姫復活です。女の子の名前が三葉、3つの葉っぱは王族の証です。だから徳川家は三つ葉葵の紋。ちゃんと計算してつくられています。そして男の子の名前が瀧、水神です。そして水神とは瀬織津姫です。

[figure54]

この映画のすごさは、アメリカの連中が見ても何が何だかわからない。何で日本人はあんなにみんな見るんだろうと。瀬織津姫復活です。だけど私と違って命が惜しいと見えて、あまり多くを語らない。私ぐらいやり尽くして、破れかぶれになれば言いますが、彼はまだこの世に未練があるのでしょう。覚悟

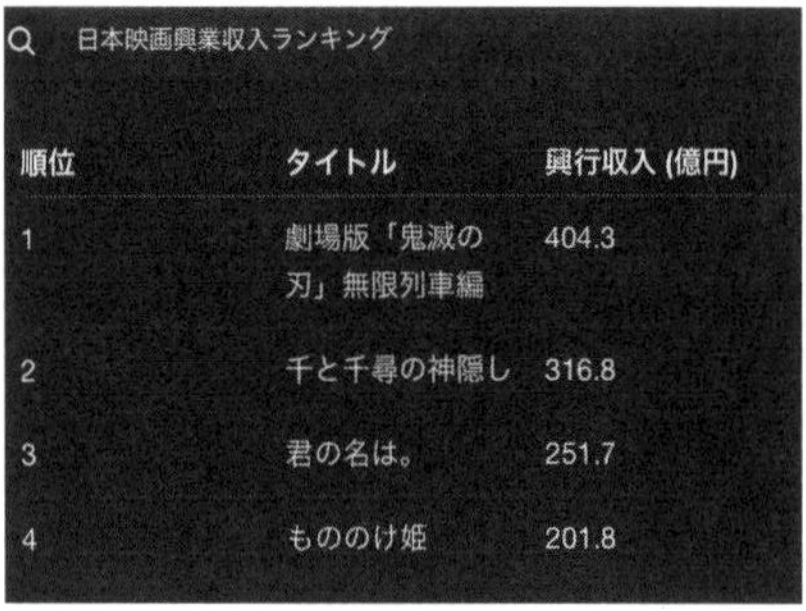

順位	タイトル	興行収入 (億円)
1	劇場版「鬼滅の刃」無限列車編	404.3
2	千と千尋の神隠し	316.8
3	君の名は。	251.7
4	もののけ姫	201.8

[figure55]

がまだ一歩足りないね。

[figure 55]

日本映画興行収入ランキングです。劇場版「鬼滅の刃」が１位で４０４億円、２位「千と千尋の神隠し」が３１６億円、３位「君の名は。」が２５１億円、４位「もののけ姫」が２０１億円です。

日本語に対する工作

[figure 56]

彼らは明治維新以降、日本人が目覚めないようにあらゆる工作をした。その中の漢字の大事なところをピックアップしました。

「私」はのぎへんにム、何もないのが「わたし」だというふうにしてしまった。本来の「和多志」というのは、和をもって貴しとなるのを幾らかでも多く志すということです。

これが「わたし」の意味なんです。

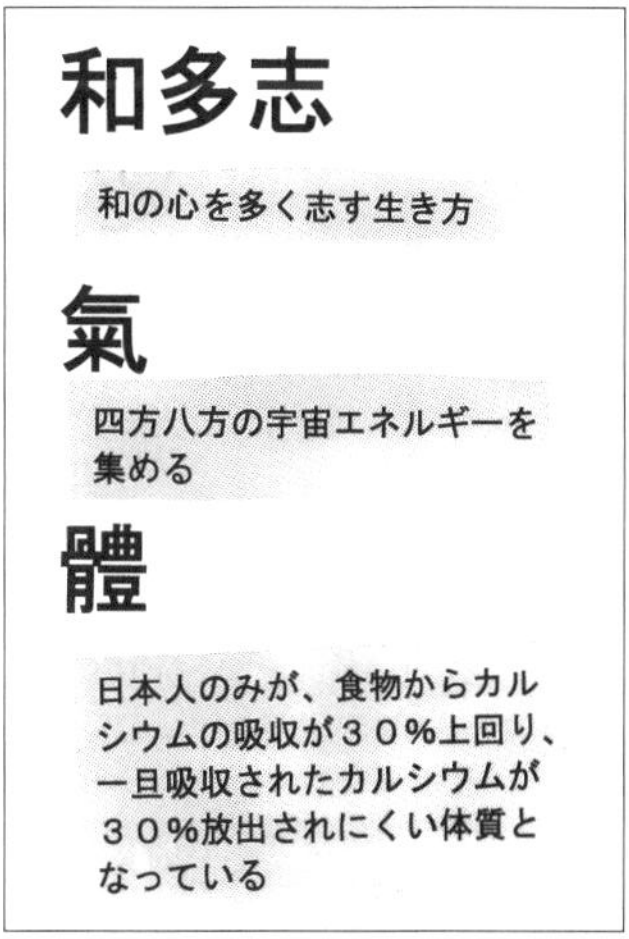
和多志
和の心を多く志す生き方
氣
四方八方の宇宙エネルギーを集める
體
日本人のみが、食物からカルシウムの吸収が３０％上回り、一旦吸収されたカルシウムが３０％放出されにくい体質となっている

[figure56]

「氣」の真ん中を「〆（しめ）」にして「気」にしてしまった。宇宙全体、四方八方からエネルギーを集めるのが氣で、そして四方八方からエネルギーを集めてできるのがお米だということです。米を食べていればいいということです。

「體」という字は、骨を豊かにするのが体だということです。カルシウムが3割も多く入って、抜けるのが3割少ないことを重要視して、食をちゃんとやりなさい。そうすれば體も精神も圧倒的に彼らより優れている。すばらしいと思います。

こういうのをまず復活させるべきです。日本古来の、宇宙のエネルギーで生きるべき日本人の精神と体がどうなっているのか。

[figure 57]

ここからが言語学の五島先生が見つけてくれたことです。五島先生は自治医大を卒業した天才的な医学者です。アメリカで生理学の論文を発表して、シャットアウトされて、それを横取りされてアメリカの医者がノーベル医学賞をもらっている。彼は言霊の権威でもあり、日本俳句協会の副会長です。

私は2カ月ぐらい前から、言霊のアイウエオはおかしいんじゃないかと、やんややんやと彼を攻撃していたのです。「最初と最後がアとイになる言語が主流であるはずだ。探してくれ」と言うと、「どうですかね。そんなことを言っている人はいませんよ」と言う。でも私がしつこく言うので、古文書を調べてくれて、「篠崎先生の言うとおりでした」と。

明治維新初期までは「天津菅麻」（あまつすがそ）のアオウエイが主流だったというわけです。一番最初がア、最後がイです。これを見つけた。これは大変な発掘です。誰も褒美はくれないけれど、ここで発表できた。明治時代に大事な言語に工作されたのは、先ほどの例だけではありません。日本人が目が覚めないように工作して、「天津金木」（アマツカナギ）のアイウエオにしてしまったのです。

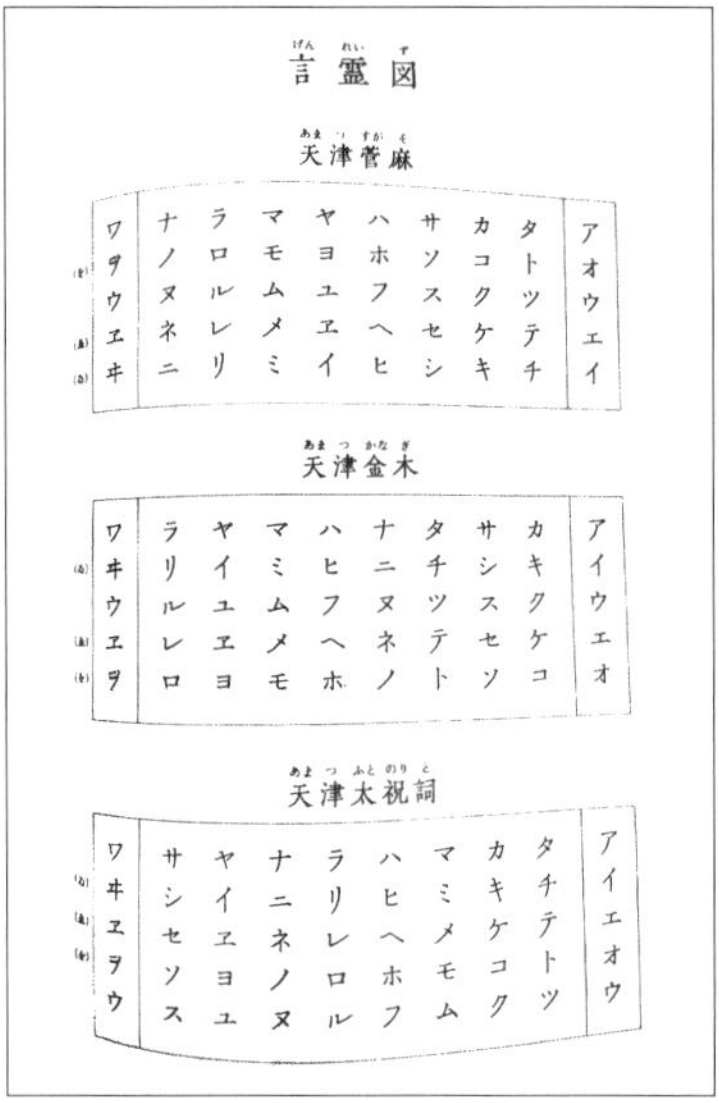

[figure57]

「天津菅麻」「天津金木」「天津太祝詞」の3つを、私はカバラの研究で当てはめてみた。そうしたら五島先生はチンプンカンプンでした。2年前の日曜日に、突然、忙しいテニスクラブに来て、「篠﨑先生、先生の本を読んで感激しました。一生のおつき合いをさせてください」ということで、時々出入りするようになった面白い人です。

天津金木、金属の木から生命が生まれますか。純金や鉄で木をつくっても、生命は生まれません。本物の木がたくさん生えていれば、コケが生えるし、草が生えるし、小さな虫が出る。森ができれば草を食べる草食動物が生まれ、それを食べる肉食動物が生まれるし、実がいっぱいなる。天津金木が、本来、天津菅麻だった。私が言っているように、アとイが最初と最後なんです。

私がこういうのがあるべきだと思ったのは、イエス・キリストが「私はアルファでありオメガである」と言っているからです。そしてヤハウエも同じことを言っている。「私はアルファでありオメガである」は、向こうの言語で最初と最後という意味です。

どういうことかというと、日本語が世界の言語の原点ですから、最初がア、最後がイ、アイ（愛）こそが全てなんです。宇宙全体が愛の塊です。イエスとヤハウエが「アルファでありオメガである」と言ったのは、「私は愛の使者です」ということです。愛に守られているから、宇宙に生命が宿る。宇宙定数が絶えず変化しても、必ずほかの宇宙定数が補って、生命が生きられるようにしている。これがホメオスタシス（宇宙恒常性）です。

川崎市岡本太郎美術館のイベントのときに、これを東大の学者連中に言ってもわからなかった。彼らは部門部門では確かにスペシャリストですが、全体を見るジェネラリストの感覚がありません。だから2012年以降は、ジェネラリストの中枢が我々一般人民のもとに戻ったのです。

あと残されるのは、日本人がどれほどすごいか。イヒンの民族です。亡くなった人の大切なものを「遺品」というのはここから来ているのではないかと思います。人類が滅んだ後の遺品の民族が日本人なんです。『オアスペ』を読んでください。

[figure 58]

アオウエイはとんでもない構造にできているわけです。風水学が当てはまる。そして木火土金水の陰陽五行も、東北西南の方位学も当てはまる。言語学の中枢がアオウエイなんです。慣れてないし、アイウエオのほうが親しみがあるので、舌をかみそうで言いづらいですけど、アオウエイ。一番エネルギーが強い色は青でしょう。

[figure 59]

東《とう》	木《もく》	風《ふう》	ア
北《はく》	水《すい》	水《すい》	オ
西《せい》	金《ごん》	空《くう》	ウ
南《なん》	火《か》	火《か》	エ
中《ちゅう》	土《ど》	地《ち》	イ

[figure58]

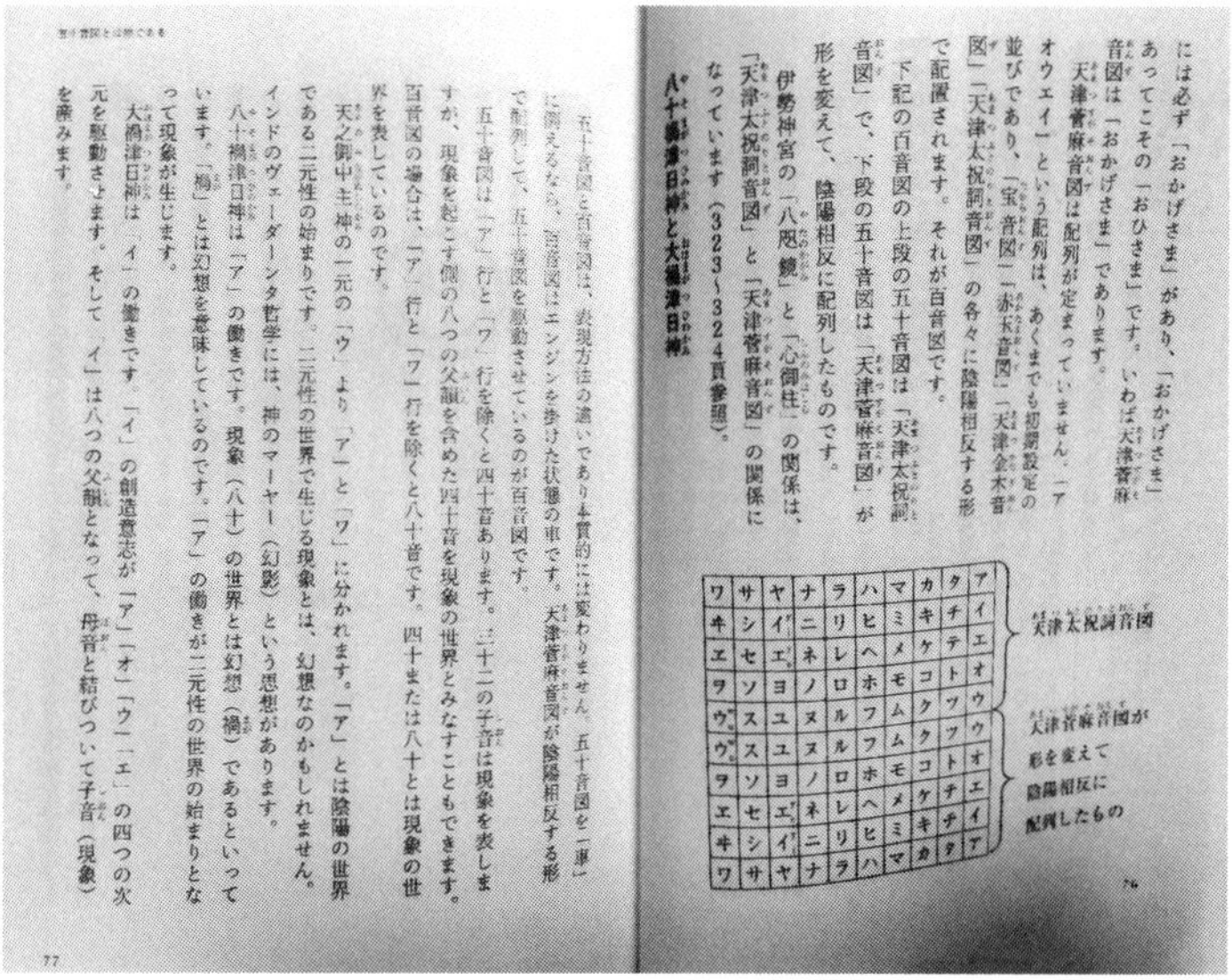
には必ず「おかげさま」があり、「おかげさま」あってこその「おひさま」です。いわば天津菅麻音図は「おかげさま」であります。

天津菅麻音図は配列が定まっていません。「アオウエイ」という配列は、あくまでも初期設定の並びであり、「宝音図」「赤玉音図」「天津金木音図」「天津太祝詞音図」の各々に陰陽相反する形で配置されます。それが百音図です。

下記の百音図の上段の五十音図は「天津太祝詞音図」で、下段の五十音図は「天津菅麻音図」が形を変えて、陰陽相反に配列したものです。

伊勢神宮の「八咫鏡」と「心御柱」の関係は、「天津太祝詞音図」と「天津菅麻音図」の関係になっています（323〜324頁参照）。

八十禍津日神と大禍津日神

ワ	サ	ヤ	ナ	ラ	ハ	マ	カ	タ	ア
ヰ	シ	イ	ニ	リ	ヒ	ミ	キ	チ	イ
ヱ	セ	エ	ネ	レ	ヘ	メ	ケ	テ	エ
ヲ	ソ	ヨ	ノ	ロ	ホ	モ	コ	ト	オ
ウ	ス	ユ	ヌ	ル	フ	ム	ク	ツ	ウ
ウ	ス	ユ	ヌ	ル	フ	ム	ク	ツ	ウ
ヲ	ソ	ヨ	ノ	ロ	ホ	モ	コ	ト	オ
ヱ	セ	エ	ネ	レ	ヘ	メ	ケ	テ	エ
ヰ	シ	イ	ニ	リ	ヒ	ミ	キ	チ	イ
ワ	サ	ヤ	ナ	ラ	ハ	マ	カ	タ	ア

天津太祝詞音図

天津菅麻音図が形を変えて陰陽相反に配列したもの

76

五十音図と百音図は、表現方法の違いであり本質的には変わりません。五十音図を「車」に例えるなら、百音図はエンジンを掛けた状態の車です。天津菅麻音図が陰陽相反する形で配列して、五十音図を駆動させているのが百音図です。

五十音図は「ア」行と「ワ」行を除くと四十音あります。三十二の子音は現象を表しますが、現象を起こす側の八つの父韻を含めた四十音を現象の世界とみなすこともできます。百音図の場合は、「ア」行と「ワ」行を除くと八十音です。四十または八十とは現象の世界を表しているのです。

天之御中主神の一元の「ウ」より「ア」と「ワ」に分かれます。「ア」とは陰陽の世界である二元性の始まりです。二元性の世界で生じる現象とは、幻想なのかもしれません。

インドのヴェーダーンタ哲学には、神のマーヤー（幻影）という思想があります。

八十禍津日神は「ア」の働きです。現象（八十）の世界とは幻想（禍）であるといっています。「禍」とは幻想を意味しているのです。「ア」の働きが二元性の世界の始まりとなって現象が生じます。

大禍津日神は「イ」の働きです。「イ」の創造意志が「ア」「オ」「ウ」「エ」の四つの次元を駆動させます。そして「イ」は八つの父韻となって、母音と結びついて子音（現象）を産みます。

77

[figure59]

全ての言語を天津菅麻がコントロールしてまとめているという文献です。天津菅麻に戻すのです。愛こそ全て、最初がアであり、最後がイである。人とつき合うときも愛が全てです。

ヤハウエもイエスも愛が全てと言っているわけです。その言語を江戸時代が終わって明治時代になったら、日本人の目が覚めないように取りかえてしまったのです。アオウエイは神道の言語です。明治元年に神仏分離令が出され神道の理念の破壊工作が始まった。そのどさくさに紛れてアイウエオにしてしまった。一般大衆は、寺小屋でイロハニホヘトを学んでいたので、気がつかなかった。これがアオウエイが中心だという証拠です。

月のエネルギー「あばら」は「さはら」砂漠のエネルギー「かばら」に乗っ取られている!

[figure 60]

私がアイウエオをカバラのセフィロトの丸にあてはめたものです。神は「ん」で、一番上に行くことは間違いないです。一番下が「わ」であることも間違いない。あとは横並びに「あかさたな　はまやらわ」と当てはめたわけです。右側のカバラの柱は、色がブルー

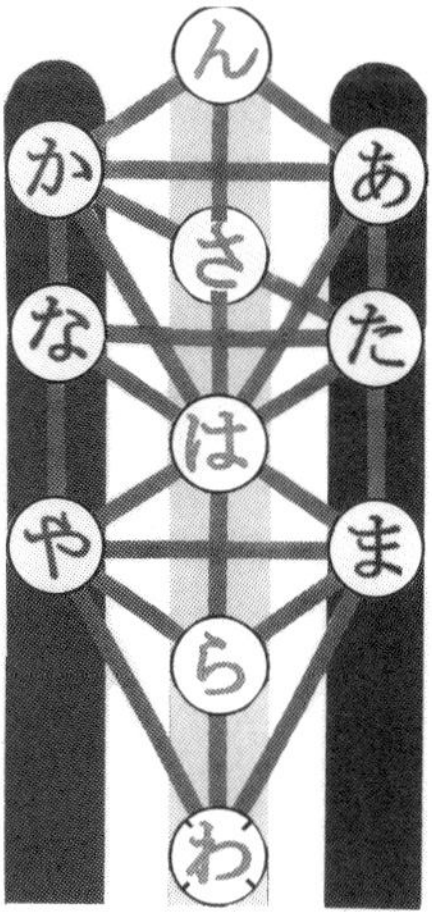

[figure60]

と決まっています。連中もそこまで改造できなかった。真ん中が黄色、左が赤、これは信号の色ですね。

青は進め。進める民族はシリウスでしょう。シリウスは頭「あたま」の民族です。オリオンの連中は一番左で「かなや」の民族です。天津金木はカナヤ（オリオン）の連中が乗っ取ったということです。カバラで証明できるのです。

物質文明も大事です。今日は暑いからエアコンをかけてくれています。寒ければ暖房が入る。遠くに行くとき、歩いていくのは大変だから車や電車、海外に行くときは飛行機がある。物質文明も必要ですが、精神文明が取り残されてしまったのです。

右と左のバランスが崩れたら、世界はどうなるか。世界は真ん中で「さはら」、サハラ砂漠になるということです。これは私の大発見なんです。

天津金木は金属の文化、カナヤの文化、オリオンが乗っ取ったということです。左から「かばら」となっているのは、彼らがカバラを乗っ取った。本当は右からであるべきです。シリウスが主流だから「あばら」のはずです。カバラからアバラに名前を変えようと思っているのですが、誰も信用しないでしょうね。

アバラというのはどういうことか。骨が12対あるから、月のエネルギーです。骨は月へんです。脳も月へんです。肘、脛、みんな月へんです。人間の体は月のエネルギーでできているのです。カバラはアバラであるべきです。それを連中が乗っ取ってカバラにしている。許せないでしょう。

私は150歳まで生きる見通しが立ってきたので、これからは諦めずに日本のすごい文化を取り戻そうと思っています。そのためには、ぜひとも皆さんのご理解が必要です。これは重要な証拠です。

八咫烏の本籍地「日光」には、白龍、瀬織姫もいる!!

[figure 61]
八咫烏は最後に笛を吹いてどこから出てくるのか。日光が本籍と言いました。その証拠をお見せしたいと思います。
日光の右側に烏山というところがあり、そこに八咫烏神社がある。左側の鹿沼の古峰ヶ原に古峯神社がある。日光を開いた勝道上人は、何年も古峰ヶ原で修行してから日光を開

［figure62］

［figure61］

いたといいます。
古峰ヶ原とはどういうところか。古峯神社に行くと、人の高さよりも高い大きな天狗のお面があります。右側が赤天狗です。左側は普通、青天狗ですけれど、違うんです。烏天狗なんです。八咫烏の神社という意味です。だから吉田茂の大きな石碑が立っています。日本の首相はみんな古峰ヶ原に一目も二目も置いている。その出どころは黒の烏天狗です。八咫烏なんです。

［figure 62］
日光の右側の烏山にある八咫烏神社です。右と左にあるわけです。

［figure 63］
日光に養老の滝がある。華厳の滝ですね。高

[figure63]

さが97メートルです。9と7を足すと16、天皇の菊花16紋です。華厳の滝は白龍なんです。その向こうに上野島、97メートル、白龍、瀬織津姫ですね。八咫烏がいて、瀬織津姫がいる。

東照宮「三猿」秘密のコアは、ウガヤフキアエズの王族を導いた「猿田彦」！

東照宮の秘密をちょっとお話しします。

東照宮を入ると、左側に馬小屋があり、その上に「見まい、聞くまい、話すまい」の三猿が彫ってある。これはどういうことか、ガイドも知らないし誰も知らない。私は最初、東照宮は神の神殿だから、豊臣秀吉のサルかなと思ったのですが、豊臣秀吉が死んで17年もたってから東照宮をつくっているわけです。彼には関係ないでしょう。

サルは猿田彦です。猿田彦は日本に2回来ています。神武天皇が初代だとうそぶいた文化を木っ端みじんにしている古文書、「上記《うえつふみ》」に、神武天皇以前に、ウガヤフキアエズ王朝が74代あったと書いてある。ウガヤフキアエズの王族を導いたのが猿田彦です。猿田彦は、ちょうどイエス・キリストが生きているときの人物です。イエスは30歳まで、十何年か所在不明だった。日本に猿田彦として来ているわけです。猿田彦が連れてきた弟がイシキリです。ユダとイスキリが協力して、本物のイエスを生かすためにイスキリが身代わりとなって処刑され、その遺骨を青森にイシキリの墓として残したのです。

イシキリ、石を切る。フリーメイソン、自由な石工。猿田彦がフリーメイソンのルーツです。そこを紀元前２５００年に連中が乗っ取っているわけです。

ここから入る神殿は、猿田彦だから「厩戸皇子《うまやどのみこ》」なんです。日本人で厩戸皇子がほかにもいる。聖徳太子です。聖徳太子イコール、イエス・キリストであり、蘇我馬子です。蘇我馬子と聖徳太子は同一人物であることがわかっています。蘇我馬子は厩戸皇子です。イエス・キリストがこの秘密を見てはいけない、絶対本当のことを言わない、内緒にしておくからねということです。そして、この東照宮の秘密も内緒にしておくとの意味でもあるのです。

入っていくと、五重塔がある。てっぺんは海抜６６６メートル。その右側に鳴き龍、パンパンとやると龍が降りてくる。あなたたち日本人は青龍であると、龍の一族であることを教えるわけです。

右側をトントントンと上がっていくと陽明門がある。陽明門は幅11メートル、高さ11メートル、宇宙の11次元でできている。寸と尺の時代に、メートルでちゃんと11の秘数でつくってあるのです。そこに入ると宇宙に入れるわけです。宇宙に出たとき、帰ってこられるように導くために、1本だけ柱が逆さ柱になっています。

そして右に行くと唐門です。向こうに日本府を置いて唐の文化を日本が復活させたので、唐門と陽明門は狩野探幽と天海だけでつくった。彫り物師はいっぱいいたのに、ほかの連中には一切手をつけさせなかったのです。

狩野探幽というのは何者か。唐門と陽明門だけに人間の彫り物がいっぱいある。東照宮のほかのところには人間の彫り物は一切ありません。宇宙の宮だという証拠を陽明門に残したのです。

重要なのは、大猷院と東照宮の彫り物だけが奥のバックがブルーということです。ラピスブルー、宇宙の色です。京都とか奈良とかの彫り物は一歩遠慮して、バックにブルーを使っていません。そして上に金箔を貼るわけです。青龍であり黄金の龍なのですね。

ワイタハ族が、「3つの乗り物で300万人来た。そこの王族、黄金の龍は日本人だ。最後は黄金の龍の目が覚めてくれ」ということで、4〜5年おきに3回日本に来ています。彼は八十幾つになって、去年来たときに、「もう来られないかもしれない。早く黄金の龍の日本人が目を覚ましてくれ。我々環太平洋の人間は銀の龍で、黄金の龍を支えることしかできない」と言っているわけです。

それをメディアが取り上げない。コヤッキースタジオとかTOLAND VLOGが少し相手にしてくれるだけです。

アジア一帯は緑の龍だと言っています。銅です。銅が緑青を吹くと緑になる。これが金メダル、銀メダル、銅メダルのルーツです。

その金メダルの日本人がちゃんとわかるように青龍、そして風水学で東、日の出づる国の民、東から日が出る。東照宮は東を照らす宮なんです。青龍の青と金で黄金の龍。

そして行くと眠り猫がいる。あなたたちは今、目を閉じている。わかってないんだということです。入り口は「見まい・聞くまい・話すまい」だけど、終末には目を開けてねということです。眠り猫を彫ったのは左甚五郎です。左手で彫ったと言われていますが、目が閉じている。

眠り猫の門をくぐって200〜300段上ったところに家康の墓があります。メディアは東照宮を家康のお墓だとうそぶいていますが、墓は東照宮の外側です。目を閉じているわけです。中は神の神殿です。

東照宮は猿田彦ということを、漫画家の手塚治虫は知っていた。猿田彦をモチーフにつくったのがお茶の水博士です。鼻が大きくて、日本を救うために救済の鉄腕アトムをつくってくれたわけです。それから、『火の鳥』（全5巻）の中に猿田彦が出てきます。お茶の水博士と同じで鼻が大きい。猿田彦が森を歩くと、小鳥や鹿やタヌキがみんな後ろをついてくる。イエス・キリストなんです。イエス・キリストを弾圧してはダメですよ。日本人です。

24回入れかわっている表の天皇は京都に帰ってもらい、皇居に江戸城が復活する!?

[figure 64]
表の天皇は24回入れかわっているので、京都御所にそっと帰ってもらって、皇居が空になったら江戸城復活です。数十年前から、何百億も予算がとってあるわけです。その時期が近づいてきたので、天皇を逃がすために江戸城と東京駅が地下の通路でつながっていま

[figure64]

す。天皇を守るためのツールもたくさんある。それで東京駅を改修したのです。私は10カ国ぐらいしか行ってないけれど、私が知る範囲では、一つの駅として東京駅ほどすごい駅はないと思います。ものすごいおカネのかけようです。

地下通路でも天皇が逃げられないときのために半蔵門をつくった諏訪大社、出雲大社、諏訪大社は別格で大社です。伊勢神宮、香取神宮、鹿島神宮は、ランクが一段下です。

諏訪大社に御柱祭という太い柱を上から落とす行事があります。時々柱がグルンと回って、下敷きになって死者が出るのにやめない。スペインのバルセロナの牛を放す行事と同じで、国の威信をかけた行事は各国、命がなくなろうが何しようがやめない。死ぬかもわからないリスクを冒して、白いウエアを着て御柱にまたがって乗るのが諏訪大社の御柱祭です。

服部半蔵の本拠地が長野にあるわけです。江戸城の体制が全部でき上がった後に、我々の本拠地の出雲族・蝦夷族は大丈夫か、東北一帯を調査して報告しますと、歌にして残したのが「奥の細道」です。松尾芭蕉と服部半蔵は同一人物です。五島先生はさすが俳句協会だけあって知っていました。彼は天才肌の論理展開で分析能力はありますが、聞いたことがないようなことに関する直観力は私に歯が立たない。だけど逃げはしないと思います。

[figure 65]

私がフリーハンドで江戸城復活のシナリオを書いたものです。統括、レビ、八咫烏。1割が表の応接間です。中奥が3割で、統治王の男の将軍と家来の武家たちです。統治王は10のうちの3の力しかない。6割が大奥です。6と3、2対1です。大奥が祭祀王、瀬織津姫です。大奥のシステムを復活すると、私は15～20年前に聞いています。

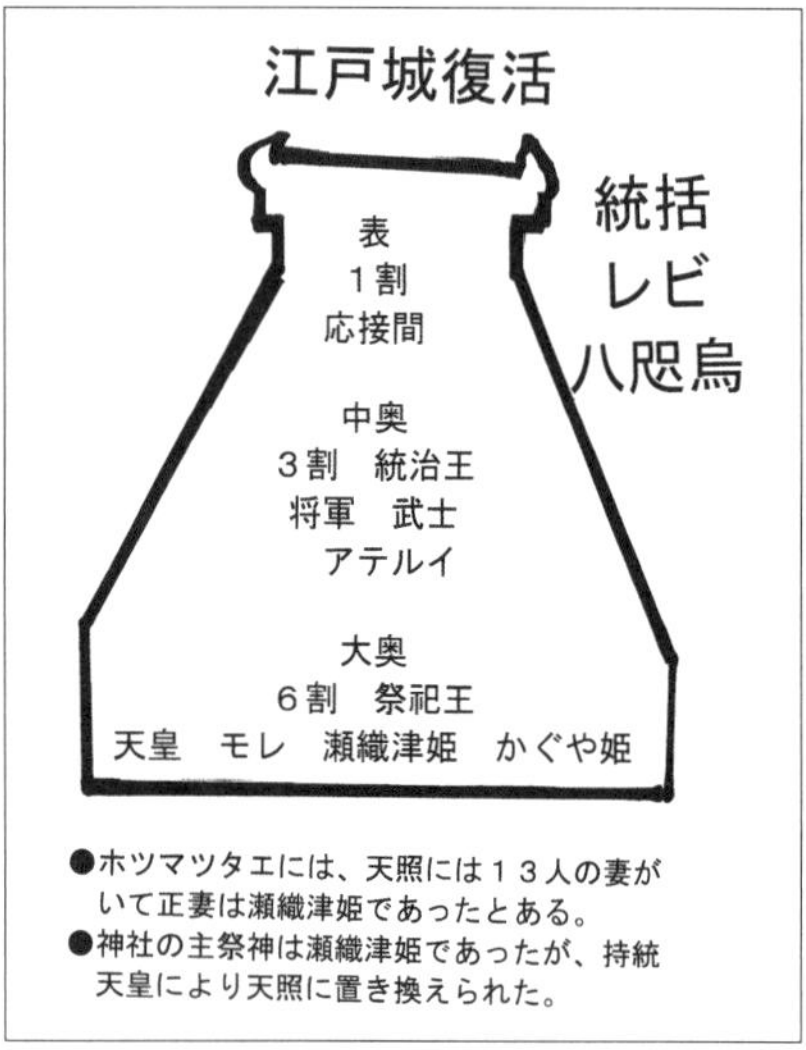

[figure65]

それを早く復活させようというのが新海誠の「君の名は。」、宮崎駿の「千と千尋の神隠し」と「もののけ姫」です。彼らは必死にやってくれているわけです。ストレートに言うと命が危ないので、あの手この手で封印して、わからないようにつくっています。ナガスネヒコをアシタカといっている。

「ホツマツタヱ」に、アマテラスには妻が12人と正妻が１人いた。その正妻が瀬織津姫だと書いてある。「ホツマツタヱ」は40の神代文字の１つ、ホツマ文字で書かれています。最高ランクの文字は出雲文字です。先ほど話した黄金の板が出雲文字で書いてあるのはその意味です。持統天皇が大化の改新の後、瀬織津姫だった主祭神を、全部アマテラスに置きかえるよう全国に命令した。とんでもないことです。瀬織津姫を復活させる。

アテルイとモレの碑と弥勒菩薩

[figure 66]

アテルイとモレが処刑されたとき、清水寺をつくったわけです。清い水、水は水神、瀬織津姫です。それがどこを向いているかというと、右京区の広隆寺、弥勒菩薩です。３、6、９を足すと18です。得意の十八番、オハコという意味です。56億７０００万年後に復活する。地球の歴史が46億年しかないというのに、そんなはずありません。わからないように封印しているのです。

なぜあらゆるところで日本の秘密を封印しているのか。連中に目をつけられて日本が滅ぼされないように、パズルにしてわからなくしているわけです。日本人がメシアだということがバレないようにしている。

5、6、7を足すと18です。菩薩というところが私は15年ぐらいわからなかった。知り合いの国宝選定委員会の人に聞きましたが、数年に1回、国宝の認定の改新があるそうです。中には重要無形文化財になったり国宝になったりであやふやな仏像もあるけれど、毎回、国宝第一号認定は弥勒です。それほど大事な国宝なのに、メディアはあまり報道しない。どういうことなのか。

[figure66]

菩薩というところに秘密がある。菩薩というのは神ではなくて、人間が修行を重ねた果ての称号です。現人神なのです。努力して神と人間の中間にまでなったのが菩薩です。観音は神ですが、菩薩は神ではありません。日本人本来の姿になるよう努力しなさいということです。忘己利他の精神、我を忘れて他人を生かす精神で磨いて菩薩になりなさいというのが弥勒菩薩です。弥勒菩薩は、あなた自身がなれる姿ですよということです。

終末にメシアとして弥勒になることを願って、アテルイとモレを清水寺で弥勒菩薩のほうを向かせているのです。これで関西の復活を願ったわけです。

『銀河鉄道の夜』に込められた思い

［figure 67］

[figure67]

もう一つは宮沢賢治、岩手県出身の天才です。彼はアテルイとモレの復活で代表作の『銀河鉄道の夜』を書きました。誰も言ってないけれど、『銀河鉄道の夜』はアテルイとモレの復活です。私が夢で見たことは、私の情報ではなくて、天から降りてきているのです。

有名なアニメーターが映像化した作品を何度も見ました。カムパネルラとジョバンニは無二の親友で、カムパネルラがある日、川で溺れている人を助けるために飛び込んで、その人は助かったのに彼は溺れて死んでしまった。ジョバンニは牛乳配達員です。牛乳を運ぶ、牛、牛飼い。日本に残された七夕伝説の彦星は牛飼いです。織姫は瀬織津姫です。本来の統治王と祭祀王、究極の救済の民族として日本に送り込んだ瀬織津姫とニギハヤヒが、年に1回しか会えないわけです。夫婦だから本当は毎日、会わなくちゃいけない。彼は『銀河鉄道の夜』に願いを込めたわけです。

ある満月の夜、ジョバンニが草原に立っていると、カムパネルラが宇宙から降りてきた列車に乗り込むわけです。「カムパネルラ、どこに行くんだ」と言っても振り向かないで乗ってしまった。後を必死に追いかけてジョバンニも乗ったら、カムパネルラはうつむいて椅子に座っていて何も言わない。2人は銀河鉄道で宇宙を旅をするわけです。溺れた川が銀河なんです。それで不幸になってしまった。シリウスも通るわけです。そうしたら役目は終わったということで、カムパネルラが歩いて行ってしまうのです。パタン、パタンと列車のドアを開けては閉めて後ろのほうに行ってしまう。「待って」と追いかけていって最後のドアを開けると、そこにはカムパネルラはいない。ハアーッと思ったら、ジョバンニは草原に戻っているわけです。

これは天の川伝説です。「七夕」を「たなばた」と読むのはおかしいと子どものころから思っていたのですが、これは初七日の意味です。7×7＝49、49日であの世に行ける。宮沢賢治は『銀河鉄道の夜』にアテルイとモレ復活の願いを込めているのです。

銀河鉄道は666なんですけど、日本人は優れた民族だから、いずれ神が三重螺旋のDNAにするという予言があります。そうすると333の3倍で999、これが「銀河鉄道999」です。作者の松本零士は、「男おいどん」とかさえないマンガばかり描いていたのに、「銀河鉄道999」を描いて一生のライフワークになった。「銀河鉄道999」には宇宙の女神が出てきます。これはレビ（八咫烏）が松本零士にご褒美であげたのです。ほかの才能ある漫画家だと言うことを聞かないからです。

瀬織津姫・弥勒菩薩の意味すること

[figure 68]

七夕と瀬織津姫、女神の解放、こういうサイトがちゃんとある。「瀬織津姫＝かぐや姫＝織姫？」と書いてあります。祭祀王は全部DNAが一緒です。「彦星＝ニギハヤヒ」も書いてあるはずです。男はYAP遺伝子で継承しますが、女性はMT遺伝子（ミトコンドリア）で継承していく。これは愛とか慈しみを継承します。だから女性は男の倍、強いけれど、倍、優しい。

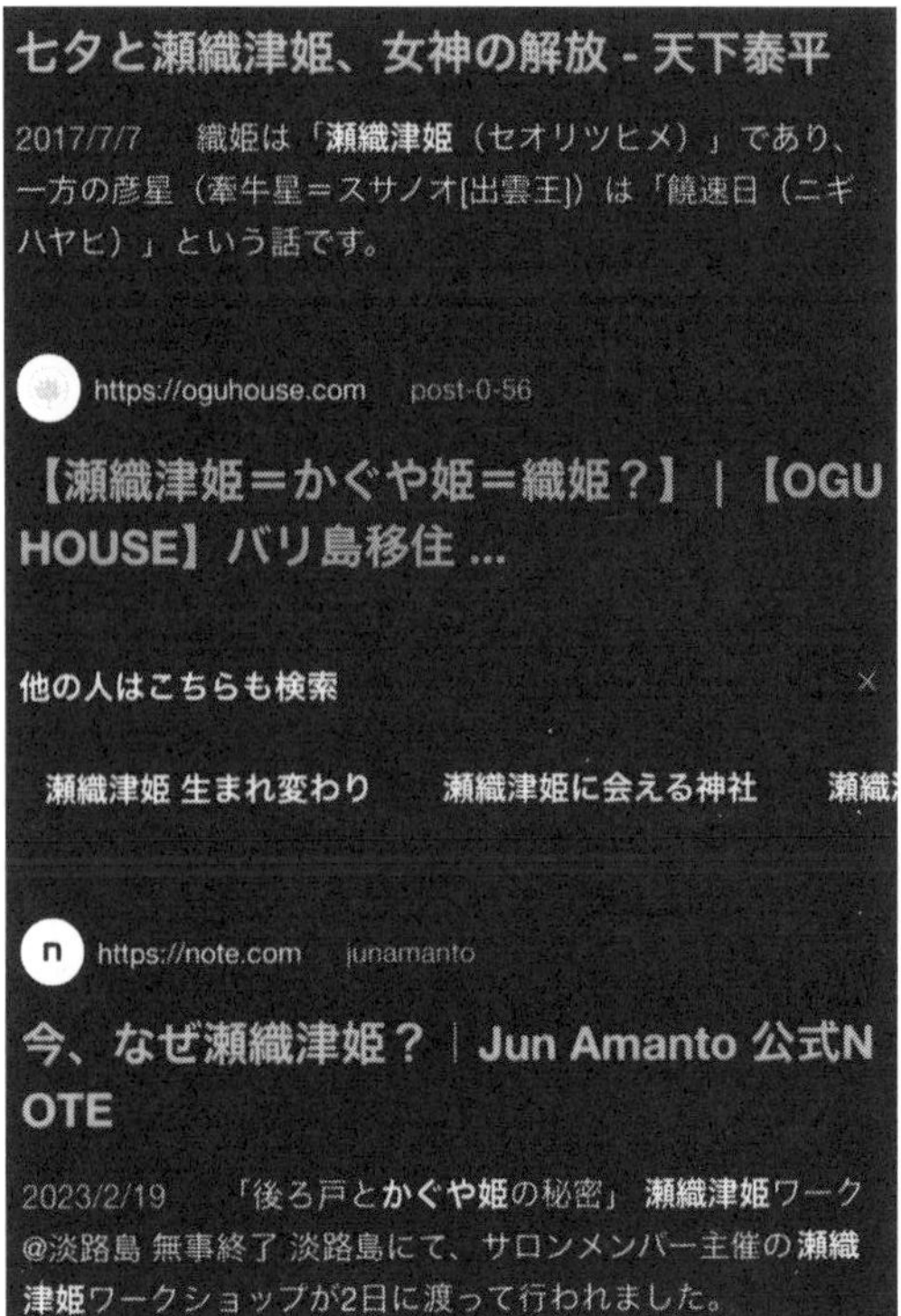
七夕と瀬織津姫、女神の解放 - 天下泰平
2017/7/7　織姫は「瀬織津姫（セオリツヒメ）」であり、一方の彦星（牽牛星＝スサノオ[出雲王]）は「饒速日（ニギハヤヒ）」という話です。
https://oguhouse.com　post-0-56
【瀬織津姫＝かぐや姫＝織姫？】｜【OGU HOUSE】バリ島移住 ...
他の人はこちらも検索
瀬織津姫 生まれ変わり
瀬織津姫に会える神社
https://note.com　junamanto
今、なぜ瀬織津姫？｜Jun Amanto 公式NOTE
2023/2/19　「後ろ戸とかぐや姫の秘密」瀬織津姫ワーク@淡路島 無事終了 淡路島にて、サロンメンバー主催の瀬織津姫ワークショップが2日に渡って行われました。

[figure68]

[figure 69]

七夕です。これはニギハヤヒと瀬織津姫が描いてあります。多分江戸時代のころの絵ですが、知っている人が描いていますね。

[figure 70]

これは私が書きました。弥勒菩薩、3＋6＋9＝18。56億7000万年後降臨としてあります。5＋6＋7＝18、得意の十八番、オハコということです。

[figure69]

弥勒菩薩《ミロク》
3＋6＋9＝18
56億7千万年後降臨　5＋6＋7＝18

十
オハコ
番

アテルイとモレ
統治王　祭祀王

京都	岩手
日向・天照	出雲・蝦夷
清水寺と広隆寺	理想郷
一八西武	一八東武
イーハセーブ	イーハトーブ
西武鉄道	東武鉄道（浅草～日光）
西武デパート	東武デパート

[figure70]

十八番
オハコ

片仮名で横に「オハコ」、漢字で縦に「十八番」と書いてみました。横のオハコの真ん中は8（ハ）、縦の十八番の真ん中も8になる。

この8はどういう意味なのか。これを言った人は誰もいませんが、神から末広がりにエネルギーが無限に降りるという意味です。得意の十八番。そういう生き方をしなさいと、神が日本人に伝えているわけです。弥勒菩薩になりなさい。そうすればあなたたちは世界を救える民族なんですよということです。弥勒菩薩なんてどこにもいません。我々が弥勒菩薩になれるように努力しなさいというメッセージです。だから国宝認定第一号なんです。

これはすごいことだと思います。だけど連中はバカだから、末広がりなんて認めようとしないで、自分たちを宇宙の中心にしようとしているわけです。これがV、ビクトリーなんです。バーサス、彼らはあくまでも戦う気です。

アテルイとモレは、統治王と祭祀王の復活です。京都は日向族・天照族、岩手県は出雲族・蝦夷族、そして清水寺と広隆寺、ちゃんと仕組んである。

イーハトーブとイーハセーブ

宮沢賢治が理想郷をイーハトーブと言った。この言葉の語源について、彼は死ぬまで誰にも言わなかった。みんなわからないわけですが、私は夢を見ました。イーハトーブとは、1と8の東の武士という意味です。それに対して、広隆寺の京都はイーハセーブ、西の武士です。西と東が合体するのがツルとカメの合体です。

ツルは海外から飛んできたわけですから羽衣伝説、弓月君の民と徐福です。陸を伝わって来たのがカメで、これがユダ族・ベニヤミン族です。もともと日本人ですから、排除しないで仲よくしましょうということです。

ツルとカメの合体が「かごめかごめ」の歌になっているのです。「つるとかめがすべった」。「滑った」ではなくて「すべた」、一緒になるという言葉です。ツルとカメが最後には一緒になるんですよということです。

伊勢神宮が定まる以前からあった籠神社が元伊勢といわれています。籠神社の海部宮司の紀元前数千年からの膨大なる家系図が国宝になっています。「うしろのしょうめんだーれ」、籠神社の後ろの正面は眞名井神社です。ちゃんとひもといてある。

ツルとカメが一緒になることによって、鉄道と物流の拠点を東京につくったのが西武鉄道と東武鉄道です。そして東武デパートと西武デパートをつくった。バブルがはじける前まで、イケイケのときには西武が圧勝だった。セゾングループをつくったし、新見隆さんがセゾン美術館のキュレーターになって、エジプトからツタンカーメンの黄金の仮面を持ってきて大エジプト展をやりました。イケイケだったけれど、今は末世が近づいているわけです。西は太陽が沈む方向だから、力が失せてきている。セゾンは今大変なことになっています。最後は東の京都に勝てないのです。

どういうことかというと、東武鉄道は出発点が浅草で、終点が日光です。そのシンボルがスカイツリーと五重塔です。スカイツリーは浅草の浅草寺の近くにあるので、外国人が浅草寺の後に必ず行くそうです。そうすると子どもが離れない。1日いてもいい。電波塔なのに巨大な水族館があるし、プラネタリウムもある。お土産もアニメグッズのすごく安くていいのがいっぱいある。

二日目のまとめ

我々がやることは何か。ホワイトハットたちが準備に入ってくれているので、時期が来たら八咫烏が江戸城をつくってちゃんとやってくれる。我々は彼らがやっていることの価値観を理解して、応援しなければいけないですね。メディアは敵だから、テレビは見ないのが正解です。

そんな感じでございます。どこまで核心に迫れたかはわかりませんが、私としては精いっぱいやったつもりです。これからが本番ですね。

「ダニエル書」に、決定的なきっかけが始まってから40週後から最後のみそぎに入ると書いてある。１週というのは、旧約聖書では1年という意味です。

76年前に何があったかというと、イスラエルが建国した。そして２０１８年、トランプがイスラエルを正式な国として認めた。イスラエルにアメリカ大使館を建て、アメリカにイスラエル大使館を建て、聖地エルサレムを首都として認めると言ったわけです。その40年前がイスラエル建国です。トランプはメシアになりたかったのかという噂があるぐらいです。

岡本天明が自動書記で書いた「日月神示」には、２０２０年前後の10年間が最終の時期だと書いてある。きっかけがあって、私が「をのこ草子」を一生懸命探ったら、２０１８年から２０２８年という数字が出てきました。今は２０２３年、あと5年が勝負です。

ここで目覚めなくて言いなりになって、中国に乗っ取られたり、日本の経済が封鎖されたりしたら、日本がダメになるだけではありません。日本人は人類を救える第六の民族です。日本人が目が覚めるか、覚めないかがキーになります。シリウスを裏切らないで恩返しをするために、一人一人意識を高くする。そうすれば素粒子理論でいうところの絡み合いが生じることは、去年のノーベル物理学賞で証明されています。強いエネルギーが絡み合ってきますから、それでうねりを高めていきたいと思っています。

学校の道徳の先生みたいな話になっちゃいましたが（笑）、私は偉くも何ともないんです。ドキンちゃんとばいきんまんの話は面白かったでしょう。あれが究極の男と女です。私は女性には逆らいません。勝てないですよ。女性の怖さを知っている男は多いようで少ないですからね。（笑）

2日間にわたり、大変ありがとうございました。（拍手）

篠崎 崇　しのざき たかし
美術家。招魂の画家。
1952年、栃木県宇都宮市生まれ。
栃木県警警察官を経て、有限会社篠崎クリエーションを設立。
《命の大切さを表現するために今は亡き愛する人の魂をこの世に呼び戻す招魂の作品群を創作する》をコンセプトに、招魂の画家として活躍。国内外で個展・応募展出品多数。

2008年、ハーバード大学主催「世界文化学会」にて画集「虚舟」発表。

2011年10月15日から2012年１月９日まで、岡本太郎生誕百年記念展として岡本太郎美術館にて「虚舟展」主催。

霊派【REISM】提唱者として一版多色（版画）と絵画で【死から→生へ】のニューアートを展開している。

高度なチャネリング能力を持ち合わせ、科学・哲学・医学など多角的な視点を持つジェネラリストとして活躍中。

著書に『あなたのぜったい知らない地球の完全秘密リスト』『宇都宮＝宇宙の宮から見た【シリウスVSオリオン】』『奥伝の関節医学』『【DVD解説版】奥伝の関節医学』『カバラ日本製』（５作ともヒカルランド刊）、監修に『モナ・リザと最後の晩餐』（下田幸知著・ヒカルランド刊）がある。

『銀河鉄道の夜』の巨大な謎
究極のメシア【アテルイとモレよ、日本人よ】目覚めよ！
彦星（ニギハヤヒ）と織姫（セオリツヒメ）の邂逅

第一刷 2024年2月29日

著者 篠﨑　崇

発行人 石井健資
発行所 株式会社ヒカルランド
〒162-0821 東京都新宿区津久戸町3-11 TH1ビル6F
電話 03-6265-0852　ファックス 03-6265-0853
http://www.hikaruland.co.jp　info@hikaruland.co.jp
振替 00180-8-496587

本文・カバー・製本 中央精版印刷株式会社
DTP 株式会社キャップス
編集担当 k.aya+

ISBN978-4-86742-351-6

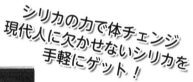

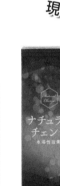

本といっしょに楽しむ イッテル♥ Goods&Life ヒカルランド

CMCのテロメア活性化とラジウムのホルミシス効果で
細胞を活性化！ 冷え対策にバッチリ‼

CMC&Hi-Ringo スーパーストール

販売価格：36,900円（税込）

●カラー：ネオパープル　●サイズ：幅約86cm×長さ約139cm　●素材：ナイロン80%、ポリウレタン20%

※模様になっているプリント面を、なるべく広い範囲で体に当てるようにご使用ください。

ゼロ磁場を発生させ、奇跡の新素材と言われるCMC（カーボンマイクロコイル）と、ラジウムのもつ体細胞を活性化させるというホルミシス効果を併せたちょっと欲張りなストール。

冷えたな、と感じたら、大きめのストールでしっかりと体を包み込めます。大判なので、ひざ掛けにしても布がたっぷり余ります。ティッシュボックスより小さく折り畳めるので、持ち運びにも大変便利。どこへでも携帯可能です。

【お問い合わせ先】ヒカルランドパーク

＊ご案内の価格、その他情報は発行日時点のものとなります。

ヒカルランド　好評既刊！

地上の星☆ヒカルランド　銀河より届く愛と叡智の宅配便

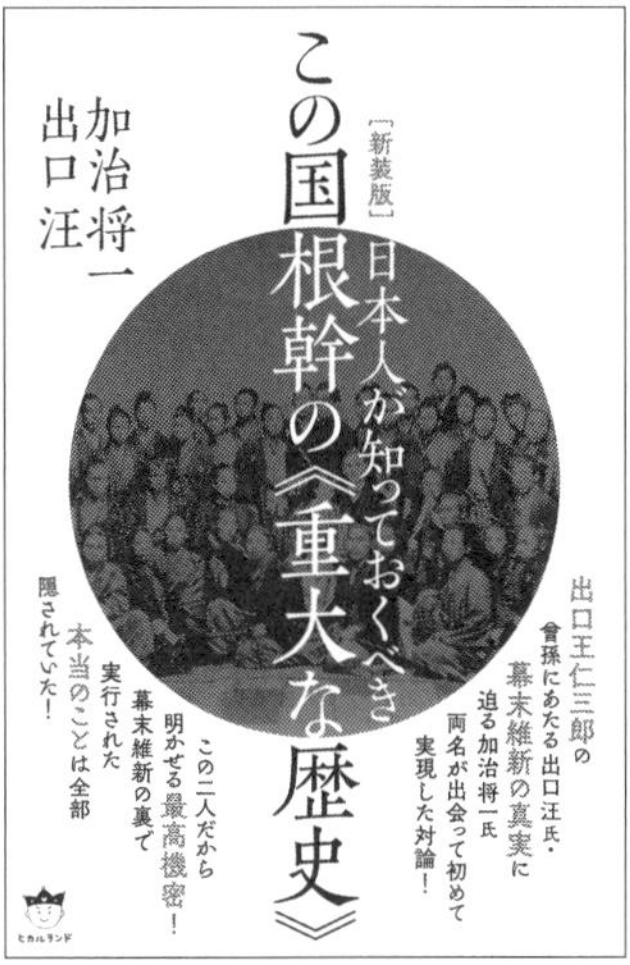

[新装版]日本人が知っておくべき
この国根幹の《重大な歴史》
著者：加治将一／出口 汪
四六ソフト　本体2,000円+税

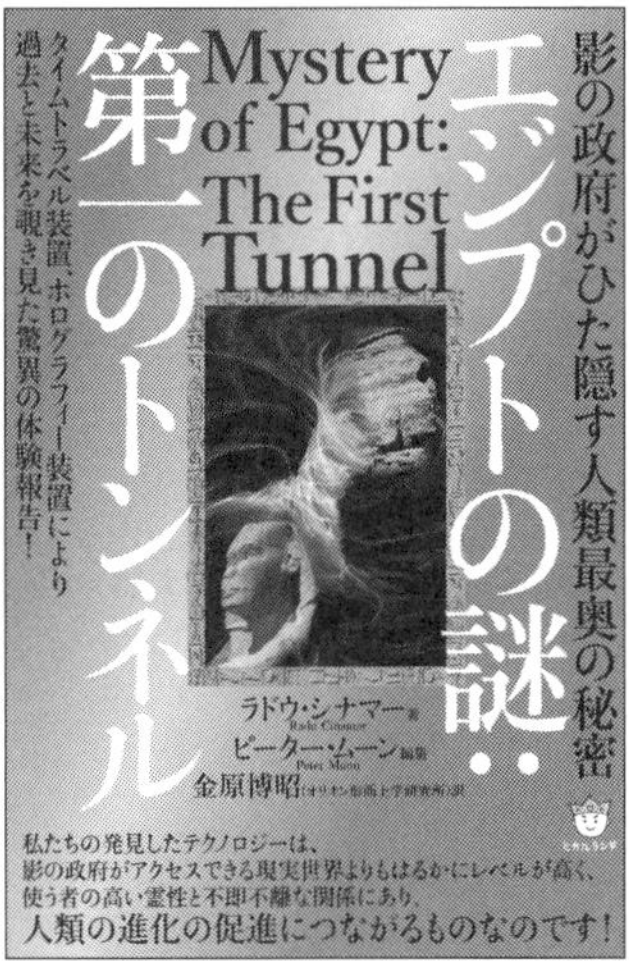

エジプトの謎：第一のトンネル
著者：ラドウ・シナマー
編集：ピーター・ムーン
訳者：金原博昭
四六ソフト　本体3,000円+税

ヒカルランド　好評既刊!

地上の星☆ヒカルランド　銀河より届く愛と叡智の宅配便

もう隠せない
真実の歴史
世界史から消された謎の日本史
著者：武内一忠
四六ソフト　本体2,500円+税